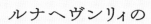

ルナヘヴンリィの

かぎ針編みで作る
花の
フレーム飾り

Lunarheavenly

中里 華奈

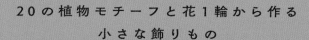

20の植物モチーフと花1輪から作る
小さな飾りもの

SE
SHOEISHA

はじめに

糸がさまざまな形に姿を変えていく様に魅せられて、
夢中でかぎ針を動かしてきました。

花を編むときに心がけていることのひとつに
「思いを込めない」があります。

どんなときでも、咲く花は変わらない。
ただそこに在るだけで美しい。
そんな存在に心を救われるときがあるのです。

そんな無垢で気高いものを作りたいと、
糸で植物を作り続けてきました。
植物の色、形、そのままの姿を写しとるように。
おしべやめしべなどの細かな部分にもこだわって
表現してみました。

小さなフレームや刺しゅう枠に、花1輪だけ飾ってみたり、
大きなフレームに色とりどりの植物を飾るのも素敵です。
草花が落とす影も美しく感じられることと思います。

編むことを通じて、
まだまだたくさんの植物と出会える予感がしています。

植物が育っていくように、じっくりと。
時間をかけて、自分の手で生み出す喜びを
感じていただけますように。

Lunarheavenly
中里 華奈

もくじ

アイリス
—
p79

プスキニア
—
p77

イングリッシュ・
ブルーベル
p92

ネモフィラ
p62

アジサイ「万華鏡」
p73

ビカクシダ
p81

イチイ
p90

ムクゲ
p64

胡蝶蘭
p75

ねむの木
p83

ウツボカズラ
p53

プロテア
p38

アザミ
p71

コットンフラワー
p85

コデマリ
p32

クチナシ
p67

時計草
—
p87

野ブドウ
p94

麦
—
p69

フクシア
p46

大きなフレームに
好きな植物をたくさんあしらって

ミニサイズの刺しゅう枠に
花を1輪だけ、葉を1枚だけ飾っても

アンティーク調のフォトフレームを
花に合わせてコーディネート

この本の使い方

この本では、全20種類の作品を紹介しています。そのうちのコデマリ、プロテア、フクシア、ウツボカズラの4つは、練習としてプロセス写真付きで作り方を解説しています。
他の作品作りの基本となるものなので、参考にしてください。
作品の作り方ページの見方は以下の通りです。

口絵ページ・作品サイズ

口絵に掲載しているページ数と、完成した作品の直径や長さを記載しています。着色の色味についても記載しています。

作品名

モチーフの名前です。作品名の下には特徴やポイントなどを記載しています。

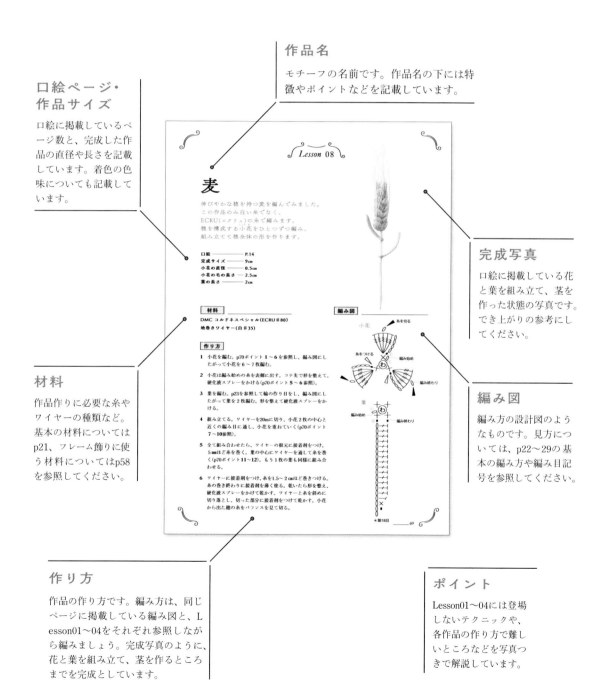

Lesson 08

麦

伸びやかな穂を持つ麦を編んでみました。
この作品のみ白い糸でなく、
ECRU(エクリュ)の糸で編みます。
穂を構成する小花をひとつずつ編み、
組み立てて穂全体の形を作ります。

口絵	P.14
完成サイズ	9cm
小花の直径	0.5cm
小花の毛の長さ	2.5cm
葉の長さ	2cm

材料

DMC コルドネスペシャル(ECRU#80)
地巻きワイヤー(白#35)

作り方

1 小花を編む。p70ポイント1〜6を参照し、編み図にしたがって小花を6〜7枚編む。

2 小花は編み始めの糸を表側に出す。コテ先で形を整えて、硬化液スプレーをかける(p70ポイント5〜6参照)。

3 葉を編む。p23を参照して輪の作り目より、編み図にしたがって葉を2枚編む。形を整えて硬化液スプレーをかける。

4 組み立てる。ワイヤーを20㎝に切り、小花2枚の中心と近くの編み目に通し、小花を重ねていく(p70ポイント7〜10参照)。

5 全て組み合わせたら、ワイヤーの根元に接着剤をつけ、5㎜ほど糸を巻く。葉の中心にワイヤーを通して糸を巻く(p70ポイント11〜12)。もう1枚の葉も同様に組み合わせる。

6 ワイヤーに接着剤をつけ、糸を1.5〜2㎝ほど巻きつける。糸の巻き終わりに接着剤を薄く塗る。乾いたら形を整え、硬化液スプレーをかけて乾かす。ワイヤーと糸を斜めに切り落とし、切った部分に接着剤をつけて乾かす。小花から出た穂の糸をバランスを見て切る。

編み図

小花

糸を切る
糸をつける
編み始め
編み終わり

葉
編み始め
編み終わり

*編18目

材料

作品作りに必要な糸やワイヤーの種類など。基本の材料については p21、フレーム飾りに使う材料については p58 を参照してください。

作り方

作品の作り方です。編み方は、同じページに掲載している編み図と、Lesson01〜04をそれぞれ参照しながら編みましょう。完成写真のように、花と葉を組み立て、茎を作るところまでを完成としています。

完成写真

口絵に掲載している花と葉を組み立て、茎を作った状態の写真です。でき上がりの参考にしてください。

編み図

編み方の設計図のようなものです。見方については、p22〜29の基本の編み方や編み目記号を参照してください。

ポイント

Lesson01〜04には登場しないテクニックや、各作品の作り方で難しいところなどを写真つきで解説しています。

この本で使う道具・材料

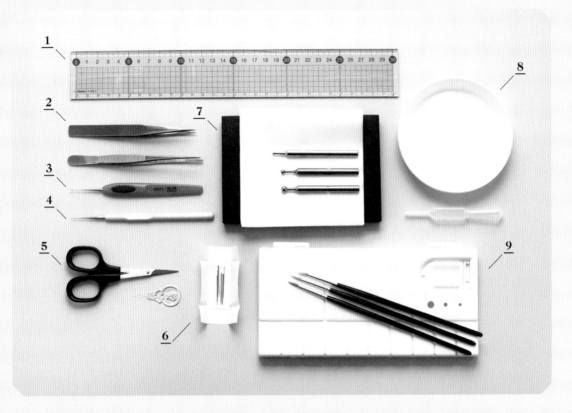

1 定規

編んだ花や葉、ワイヤーなどの長さやサイズを測ります。

2 ピンセット

編んだ花や葉の形を整える際には先の丸いものを、パーツをつける際などには先の細いものを使うとよいでしょう。

3 編み針

No.14（0.5mm）のレース針を使っています。きつく編みたい方は、さらに細い0.45〜0.4mmの針を使っても。

4 目打ち

編み目を広げたり、フレームに飾る際に芯地に穴を開けたりするのに使います。細いものを選ぶとよいでしょう。

5 ハサミ

編んだ後や組み立てるときに、糸やワイヤーを切ります。切れ味がよく、先が細い手芸用のものを使います。

6 縫い針・糸通し

編んだ花をガクや茎と組み立てたり、フレームに飾る際に縫いつけたりするのに使用。糸通しがあると便利。

7 コテ台・コテ先

丸みのある花の形を整えるときに。布花などを作る際に使う、手芸用コテの先だけを使用。サイズは「スズランコテ」の大、小、極小。先端の丸いピンセットで代用しても。コテ台にはペーパータオルを敷いて使います。

8 小皿

着色する際に（手順はp30を参照）、編んだ花や葉を水通ししたり、編んだパーツやブリオンなどをまとめたりするのに使います。

9 スポイト・筆・パレット

着色の際に使います。筆は3本ほどあると便利。

この本では、レース糸で編んだ花や植物のモチーフを組み合わせて作品を作ります。
まずは、作品作りに使う道具と材料を紹介します。
フレームに飾る際に使う材料は、p58に掲載しています。

1 アーティスティックワイヤー

茎を細く作りたい花に使います。この本では、手芸用の裸ワイヤーの直径0.2mmのものを使用。

2 アートフラワー用染料

編んだ花や葉を染めるときに使います。この本ではローパスロスティを水で薄めて色を混ぜて使用。使い方とカラーチャートはp30〜31を参照してください。

3 油性マーカー

一部の花やブリオンを染めるときに使用。この本ではコピックを使っています。

4 地巻きワイヤー

花の茎として、アートフラワー用の地巻きワイヤーの#35、#26を使っています。

5 ブリオン

編んだ花に花芯としてつけます。ネイルアート用のパーツとして販売されている、ガラスブリオンを使います。

6 レース糸

花や葉などを編む際に使います。DMCのコルドネスペシャル#80を使用。白い糸を主に使いますが、麦(p69)はエクリュの糸を使って編みます。

7 ウッドビーズ

野ブドウ(p94)の実を作るときに、刺しゅう糸を巻きつけて使います。

8 25番刺しゅう糸

地巻きワイヤーに巻いて花芯やつるを作ったり、ウッドビーズに巻きつけて野ブドウ(p94)の実を作ったりするのに使います。

9 接着剤

花を組み立てる際にレース糸をワイヤーに巻きつけたり、編んだ花を他のパーツに固定したりする際に使います。

10 硬化液スプレー

編んだ花や葉の形が崩れないように使います。換気しながら、金属パーツなどにつかないようにかけましょう。

かぎ針編みの基本

花や葉は、かぎ針編みの技法で編んでいきます。針の持ち方からかぎ針編みの基本を紹介します。鎖編みは基本となる編み方なので、一定の力加減で編むようにしましょう。練習して慣れておくと、編み目が整った美しい仕上がりになります。

針の持ち方

針の持ち手を親指と人差し指で持ったら、中指を軽く添える。

糸のかけ方

1 右手で糸端から10cmほどのところを持ち、左手の小指と薬指の間から糸を出す。人差し指にかける。

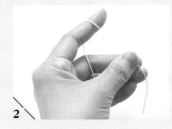

2 糸端を左手の親指と中指で持ち、人差し指を軽く立てる。薬指は軽く曲げて糸をはさみ、糸の引き具合を調節する。

鎖編みの作り方

1 針を糸に当て、1回巻きつける。

2 巻きつけたところ。

3 針に糸をかけて引き、巻きつけた輪の中に通して引き抜く。

4 引き抜いたところ。この部分は作り目には数えず、次に編む目から作り目に数える。

5 3と同様にして、針に糸をかけて引き抜き、繰り返して必要な目数を編んでいく。

鎖編みの表裏

鎖編みの編み目には表と裏があり、針で
すくう目が違うので注意しましょう。表
の編み目の上側の糸を「鎖の半目」とい
います。裏側の編み目の中央にわたって
いる糸を「裏山」といいます。

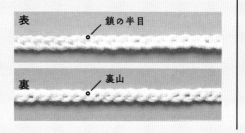

表　　　　鎖の半目

裏　　　　裏山

輪の作り目（立ち上がりの鎖1目まで）

1

花は「輪の作り目（編み図では
「わ」と表記）」をして、中心か
ら編む。人差し指に糸を2回か
ける。

2

糸が交差している部分を右手の
指で持ち、そっと糸を引き抜く。

3

左手に輪を持ち替え、輪の中に
針を入れる。

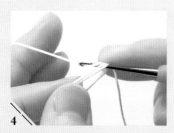

4

糸を左手の中指にかけ、針に糸
をかけて引き出す。

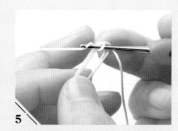

5

輪の上から針に糸をかける。

6

そのまま引き抜く。

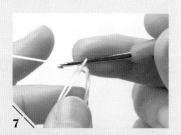

7

引き抜いたところ。

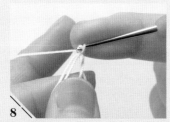

8

針に糸をかけて引き抜き、鎖編
みをする。

9

引き抜いたところ。これが立ち
上がりの鎖1目となる。

編み目記号と編み方

基本の編み方

この本で紹介する作品には「編み図」を掲載しており、どの編み方で編んでいくか記号で記されています。登場する編み目記号と編み方を紹介します。

⬭ 鎖編み
かぎ針編みの基本。「作り目」という編み目の元になる部分にも使います。p22でも解説。

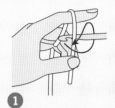    

① 針を矢印のように回して糸をかける。

② 針に糸をかけ、1で作った輪の中から引き抜く。

③ 糸端を引いて輪を引き締める。この目は1目に数えないので注意。

④ 針に糸をかけ、針にかかった目の中から引き抜く。

⑤ 鎖1目が完成。4を繰り返し、必要な目数を編んでいく。

⬤ 引き抜き編み
目と目をつないだり、留めたりするのに使います。よく登場する編み方。

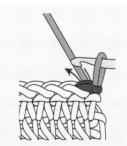 

① 前段の頭の鎖2本に、矢印のように針を入れる。

② 針に糸をかけ、引き抜く。

> **POINT!**
> 前段が鎖編みの場合は、鎖の半目と裏山に針を入れます。もしくは半目のみに針を入れます（半目と裏山についてはp23を参照）。細編みや中長編みなども同様。

✕ 細編み
かぎ針編みの基本の編み方のひとつ。花の輪の作り目にもよく使います。

  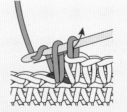 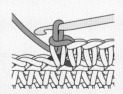

① 前段の頭の鎖2本に、矢印のように針を入れる。

② 針に糸をかけ、引き出す。

③ もう一度針に糸をかけ、針にかかった2本の中から一度に引き抜く。

④ 細編み1目が完成。1〜3を繰り返して編んでいく。

POINT! 立ち上がりの鎖1目は、小さいため目数に数えないので注意。
p25で紹介する中長編みは立ち上がりの鎖2目も目数に数えます。
鎖の目数は異なりますが、長編みや長々編みも同様です。

中長編み
花弁などによく登場する編み目です。立ち上がりの鎖2目も目数に数えます。

  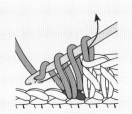 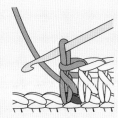

1 編み始めは立ち上がりの鎖2目を編む。針に糸をかけ、前段の頭の鎖2本に矢印のように針を入れる。

2 針に糸をかけ、鎖2目分の高さになるように糸を引き出す。

3 もう一度針に糸をかけ、針にかかった3本の中から一度に引き抜く。

4 中長編み1目が完成。1〜3を繰り返して編んでいく。

長編み
こちらも花弁によく使います。立ち上がりの鎖3目も目数に数えます。

 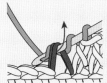   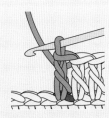

1 編み始めは立ち上がりの鎖3目を編む。針に糸をかけ、前段の頭の鎖2本に矢印のように針を入れる。

2 針に糸をかけ、鎖3目分の高さになるように糸を引き出す。

3 もう一度針に糸をかけ、針にかかった2本の中から一度に引き抜く。

4 もう一度針に糸をかけ、針にかかった2本の中から一度に引き抜く。

5 長編み1目が完成。1〜4を繰り返して編んでいく。

長々編み
長編みより鎖1目分長く、立ち上がりの鎖4目も目数に数えます。

  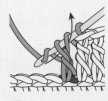  

1 編み始めは立ち上がりの鎖4目を編む。針に糸を2回巻き、前段の頭の鎖2本に、矢印のように針を入れる。

2 針に糸をかけ、鎖4目分の高さになるように糸を引き出す。もう一度針に糸をかけ、針にかかった2本の中から一度に引き抜く。

3 もう一度針に糸をかけ、針にかかった2本の中から一度に引き抜く。

4 さらにもう一度針に糸をかけ、針にかかった2本の中から一度に引き抜く。

5 長々編み1目が完成。1〜4を繰り返して編んでいく。

三つ巻き長編み

長々編みより長く、針に糸を3回巻いて編みます。立ち上がりの鎖5目も目数に数えます。

1 編み始めは立ち上がりの鎖5目を編む。針に糸を3回巻きつけ、前段の頭の鎖2本に矢印のように針を入れる。

2 針に糸をかけ、鎖5目分の高さになるように糸を引き出す。

3 もう一度針に糸をかけ、針にかかった2本の中から一度に引き抜く。

4 もう一度針に糸をかけ、針にかかった2本の中から一度に引き抜く。

5 さらにもう一度針に糸をかけ、針にかかった2本の中から一度に引き抜く。これをもう一度繰り返す。

6 三つ巻き長編み1目が完成。**1〜5**を繰り返して編んでいく。

四つ巻き長編み

三つ巻き長編みよりさらに長く、針に糸を4回巻いて編みます。立ち上がりの鎖6目も目数に数えます。

1 編み始めは鎖6目を編む。針に糸を4回巻きつけ、前段の頭の鎖2本に矢印のように針を入れる。

2 針に糸をかけ、鎖6目分の高さになるように糸を引き出す。

3 針に糸をかけて、もう一度針に糸をかけ、針にかかった2本の中から一度に引き抜く。

4 さらにもう一度針に糸をかけ、同じように針にかかった2本の糸から一度に引き抜く。これをもう三度繰り返す。

5 四つ巻き長編み1目が完成。**1〜4**を繰り返して編んでいく。

三つ巻き長編みと 三つ巻き長編みの Y字編み

三つ巻き長編みを1目編み、その根元に三つ巻き長編みを編み入れる編み方です。この本では、編んだ目の根元の糸に針を入れて編む編み方を「Y字編み」としています。三つ巻き長編みに長々編みを編むY字編みなども使います（p67のクチナシ）。

1 p26を参照して、三つ巻き長編みを編む。

2 針に糸を3回巻きつけ、1で編んだ三つ巻き長編みの根元に矢印のように針を入れる。

3 針に糸をかけて針にかかった1本の中から引き出し、もう一度針に糸をかけ、針にかかった2本の中から一度に引き抜く。これをもう三度度繰り返す。

4 三つ巻き長編みと三つ巻き長編みのY字編みが完成。

鎖3目のピコット編み

丸い小さな編み目になり、花弁の先端などに使います。ここでは鎖3目の編み方を紹介。

1 鎖を3目編み、根元の頭半目と足部分の糸1本（半分）に針を入れる。

2 針に糸をかけ、針にかかった糸の中から一度に引き抜く。

3 鎖3目のピコット編みが完成。

細編みのすじ編み

手前の半目を残すときに使用。他にも編み目記号に下線があるものがすじ編みです。

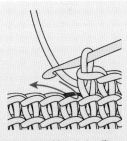

1 前段の頭の鎖をすくう際に、向こう側の糸1本（半目）に針を入れる。細編みと同様に編む。

POINT!

こう編むことで、手前の糸1本（半目）が「すじ」として残ります。輪に花を編むときは、編地の表側にすじができます。

未完成の編み目とは

最後の引き抜きをせず、針に糸の輪をかけたままの状態を「未完成の編み目」といいます。p28〜29で紹介する「減らし目」などに使います。

増やし目と減らし目

花弁を編み進める際に、目を増やしたり減らしたりしてカーブや模様を作っていきます。細編みと長編みを例にしますが、他の編み方でも同じように行います。

∨ = ∨ 　細編みを2目編み入れる（増やし目）

① p24を参照して細編みを1目編む。矢印のように同じ目にもう一度針を入れる。

② 細編みをもう一度編む。

③ 細編みを2目編み入れたところ。目が1目増えた。

POINT!

同じ目に複数回編み入れることで目を増やします。

∧ = ∧ 　細編みを2目一度（減らし目）

① p24の細編みの手順3の途中まで進め、糸を引き出す（未完成の編み目）。引き抜かずに次の目に針を入れる。

② 針に糸をかけて引き出し、もう一度針に糸をかけ、針にかかった3本の中から一度に引き抜く。

③ 引き抜いたところ。前段の2目が1目になった。

POINT!

細編みの最後の引き抜きをせずに、2回目の細編みをはじめ、2回分の糸をかけて一度に引き抜きます。

⊬ 　細編みを3目編み入れる（増やし目）

① p24を参照して細編みを1目編む。矢印のように同じ目にもう一度針を入れる。

② 細編みをもう1目編む。

③ 細編みをさらにもう1目編む。

④ 細編みを3目編み入れたところ。目が2目増えた。

⋎ 長編みを2目編み入れる（増やし目）

❶ p25を参照して長編みを1目編む。針に糸をかけ、矢印のように同じ目にもう一度針を入れる。

❷ 長編みをもう一度編む。

❸ 長編みを2目編み入れたところ。目が1目増えた。

⋏ 長編みを2目一度（減らし目）

 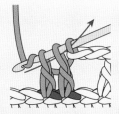 

❶ p25を参照して未完成の長編みを1目編む。針に糸をかけ、引き抜かずに次の目にもう一度針を入れる。

❷ 未完成の長編みをもう一度編む。

❸ 長編みをもう一度編んで引き抜いたところ。前段の2目が1目になった。

編み目記号の足の違い

下の図の編み目記号のように、記号の下側（足）の部分が3つくっついているものと離れているものがあります。図の左にある離れているものは、前段の鎖編み部分（この場合は鎖3目）を全てすくって編みます。くっついているものは、前段の指定の目をすくって編みます。

3目以上を編み入れる

増やし目について、ここでは2目編み入れる際のテクニックを紹介しました。花によっては、3目以上編み入れるものもあります。8目編み入れるものも。編み入れる数は増えますが、基本は同じ。1つの編み目に何度も編んでいきます。

着色の基本

花々葉などを編んだら、染料で着色します。
糸を巻いた茎の部分は、組み立てた後に着色します。

着色の仕方

1
パレットに使用する染料を数滴
ずつ出し、スポイトで水を数滴
散らすように出す。筆に染料を
少量取って水に混ぜて薄める。

2
色を混ぜる場合は、少しずつ色
を取って混ぜる。

3
混ぜたら、ペーパータオルに塗
って色を確認する。

4
編んだパーツは全体を水で濡ら
して水通しする。こうすること
で染料がしみ込みやすくなる。

5
パーツの水けを拭き取り、ピン
セットで形を整える。

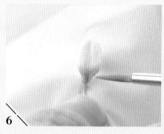

6
ペーパータオルの上にパーツを
のせ、染料を筆につけて少しず
つ着色する。

7
染め終わったら、軽くペーパー
タオルで全体を押さえる。

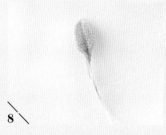

8
ペーパータオルなどの上で1時
間ほどおいて乾かす。

カラーチャート

この本で主に使用している、ローバスロスティの色を紹介します。
色名の下に染料の名前を記載しているので、着色の際の目安としてください。
「水多め」と記しているものは、薄める際に水を多めに使います。

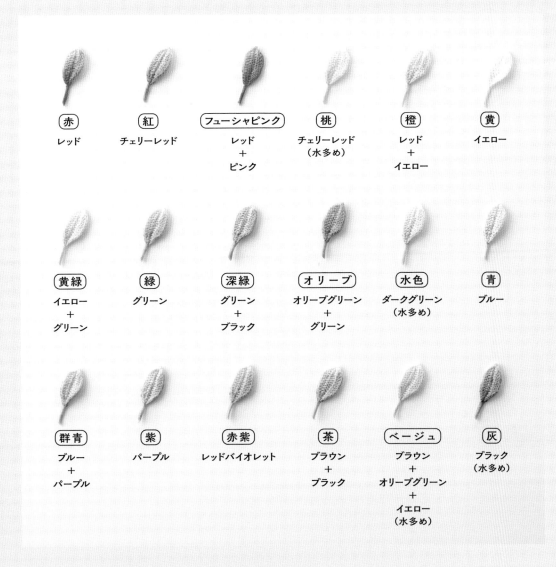

赤	紅	フューシャピンク	桃	橙	黄
レッド	チェリーレッド	レッド ＋ ピンク	チェリーレッド （水多め）	レッド ＋ イエロー	イエロー

黄緑	緑	深緑	オリーブ	水色	青
イエロー ＋ グリーン	グリーン	グリーン ＋ ブラック	オリーブグリーン ＋ グリーン	ダークグリーン （水多め）	ブルー

群青	紫	赤紫	茶	ベージュ	灰
ブルー ＋ パープル	パープル	レッドバイオレット	ブラウン ＋ ブラック	ブラウン ＋ オリーブグリーン ＋ イエロー （水多め）	ブラック （水多め）

油性マーカーでの着色

この本では、時計草（p87）など何種類かの花を油性マーカーで着色しています。その場合は水通しせず、編んで形を整えてから、ペン先を直接つけて染めていきます。

Lesson 01

コデマリ

小さな花の集まり（花序）を小さな手毬に
見立てたことから名づけられたコデマリ。
小さな花を12枚編んで、
ドーム形にまとめて仕立てます。
葉のギザギザもポイント。
ブリオンの着色が色落ちするため、
必ず硬化液スプレーを
かけた後につけましょう。

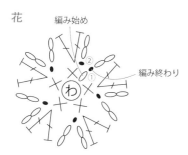

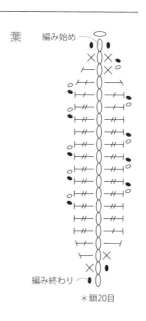

口絵 ——————— P.11
完成サイズ —— 約9cm
花の直径 —————— 0.6cm
葉の長さ —————— 2cm
着色 ——————— 葉と茎を黄緑に染め、
　　　　　　　　 オリーブグリーンを重ねる

材料

DMC コルドネスペシャル（BLANC＃80）
地巻きワイヤー（白＃35）
ガラスブリオン　適量

編み図

花　編み始め　　　　　　　　　葉　編み始め
②
①
編み終わり

わ

編み終わり

＊鎖20目

作り方

1
p23を参照して輪の作り目をし、細編み1目をゆるめに編む。

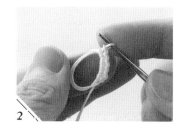

2
残りの細編み4目を編む。

3
かぎ針を一度外し、編み始めの糸端を引く。輪のどちらの糸が動くか確認する。

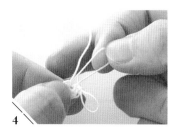

4
3で動いたほうの輪を引いて、輪を引き締める。

5
編み始めの糸端を引き、残りの糸も引き締める。

6
1段目の細編みの頭の鎖に針を入れ、針に糸をかけて引き抜く。これで1段目が完成。

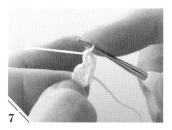

7
2段目を編む。鎖2目、長編み2目を編む。

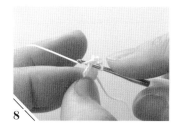

8
鎖2目編んで次の目に針を入れ、針に糸をかけて引き抜く。

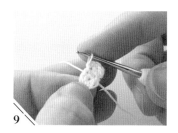

9
花弁が1枚完成。同様にして残りの花弁4枚を編む。

10
5枚目の花弁を編んだら、1段目の終わりの引き抜き編みに針を入れ、針に糸をかけて引き抜く。

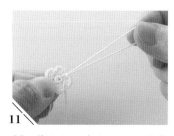

11
編み終わりの糸を20cmほど残して切り、糸端を引き抜く。

12
裏側から中心の目に針を入れ、針に糸をかけて裏側に引き出す。

13
編み始めの糸を根元で切る。

14
ワイヤーを12cm長さに切り、先端をピンセットでつまんで丸める。

15
ピンセットを持ち替えてもう一度ワイヤーを丸め、輪になるようにする。

16
輪の部分をピンセットでつまみ、輪の部分が軸のワイヤーに対して90度になるように曲げる。

17
ワイヤーの準備ができたところ。

18
花の中心に手順17のワイヤーを通し、丸めた輪の部分が花につくまで入れる。

19
ワイヤーの根元に接着剤をつけ糸を巻いていく。

20
花の根元に7mmほど糸を巻く。手順1～20を繰り返し、花のパーツをもう11個作る。

21
花を3つまとめ、糸の巻き終わりの位置を合わせて持ち、接着剤をつけて3mmほど糸を巻く。

22
同様に花を3つずつまとめ、もう3束作る。花のワイヤー1本をまっすぐにし、残り2本は斜めになるようにピンセットで整える。

23
2つの束を糸の巻き終わりの位置で合わせる。まっすぐなワイヤー同士を合わせるようにするとよい。接着剤をつけ、2mmほど糸を巻く。残り2束も同様にまとめる。

24
2束ずつまとめたら、まっすぐなワイヤー同士を合わせるようにして、糸の巻き終わりの位置を合わせる。

25 接着剤をつけて5mmほど糸を巻き、ドーム状になるように花の向きを整える。

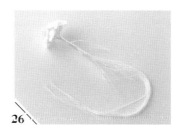

26 花序が1つ完成。同様にしてもう1つ作る。

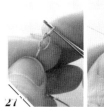

27 葉を作る。p22の鎖編みの作り目の3まで作り、結び目を引き締める前にワイヤーを通す。

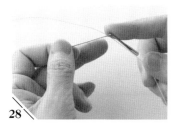

28 糸を引き締め、ワイヤーの真ん中に結び目がくるようにする。

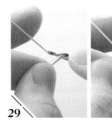

29 ワイヤーと編み始めの糸端を一緒に持つ。ワイヤーの下から針を入れ、針に糸をかけ、ワイヤーの下から引き出す。

30 そのままワイヤーの上から針に糸をかけ、針にかかった2本の糸を引き抜く。ワイヤーを芯にして細編みのように編む。

31 同じように20目編む。これが編み図の鎖編みの作り目となる。

32 針を固定し、ワイヤーを左に向かって手前から回転させる。

33 向こう側半目に針を入れる。

34 針に糸をかけて引き抜く。

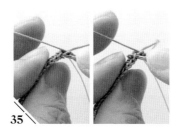

35 次の向こう側半目に針を入れる。

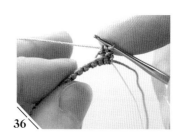

36 細編みを1目編む。

37 同じように向こう側半目に針を
入れて、中長編み1目、長編み
1目、長々編み3目を編む。

38 鎖1目編み、1つ前の長々編み
の足の糸2本に針を入れる。

39 針に糸をかけて引き抜く。これ
が葉のギザギザした部分になる。

40 編み図にしたがって、最後の細
編みまで編む。

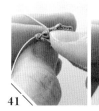

41 次の向こう側半目に引き抜く。

42 葉の片側が完成。

43 編んだ部分がワイヤーの真ん中
に来るようにし、ワイヤーを半
分に曲げる。

44 編んだ片側が下に来るように持
つ。

45 鎖1目編み、鎖の前の引き抜き
の半目に針を入れ、さらに鎖の
作り目の残した半目に針を入れ、
針に糸をかけて引き抜く。

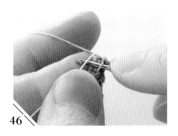

46 残した半目に針を入れ、ワイヤ
ーの下から針を通す。

47 針に糸をかけて引き抜き、細編
みを1目編む。

48 編み図にしたがって、最後の細
編みまで編む。

49 残りの半目に針を入れる。ワイヤーの下から針を入れ、糸をかけて引き抜く。

50 糸を30cmほど残して切り、糸端を引き抜く。葉が完成。着色する。同じようにして合計9枚編む。

51 葉はそれぞれ根元のワイヤーに接着剤をつけ、糸を5mmほど巻く。

52 花はワイヤーに巻いた糸を残して、糸を切る。切り口が重ならないよう、斜めにずらして切る。

53 糸の巻き終わりの位置を合わせて花序1組と葉1枚を合わせ、接着剤をつけて糸を巻く。バランスを考えて5mmほど巻く。

54 もう1枚の葉を糸の巻き終わりの位置で合わせ、接着剤をつけて糸を巻く。残りの葉もバランスを見て組み合わせていく。

55 全ての花序と葉をまとめたら（写真は途中）、人差し指に接着剤をつけ、糸の巻き終わりに薄く塗る。

56 着色し、接着剤が乾いたら、ワイヤーと糸を斜めに切り落とす。切った部分に接着剤をつけて乾かす。

57 花や葉の形をピンセットで整え、花と葉の部分に硬化液スプレーをかけて乾かす。

58 ガラスブリオンを容器に入れ、薄い黄色の油性マーカー（コピックYG21）で着色する。

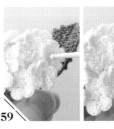

59 花の中心のワイヤーがついているところに接着剤をつける。

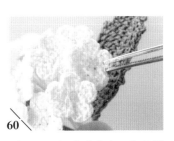

60 ピンセットでブリオンを10個ほどつける。残りの花も同様にしてブリオンをつけ、乾燥させたら完成。

プロテア

南アフリカ原産の「プロテア」。
大きくてエキゾチックな花を立体的に表現しました。
重なり合った花弁や、花を囲むような葉も特徴的。
組み立てる際に葉の配置をバランスよく整えましょう。
組み立ての工程をわかりやすくするため、
途中から実際の#80の糸を使った写真を掲載しています。

口絵 ——————— P.10
完成サイズ ——— 6.2cm
花の直径 ——— 1.5cm
葉の長さ ——— 1.5cm
着色 ——————— 花芯を灰と紫で染め、花は薄い黄色と赤で染め、
　　　　　　　　葉と茎、ガクは黄緑とオリーブグリーンでランダムに染める

材料

DMC コルドネスペシャル（BLANC#80）
地巻きワイヤー（白♯35）

編み図

花（上）　3段目は2段目の向こう側半目に編み入れる

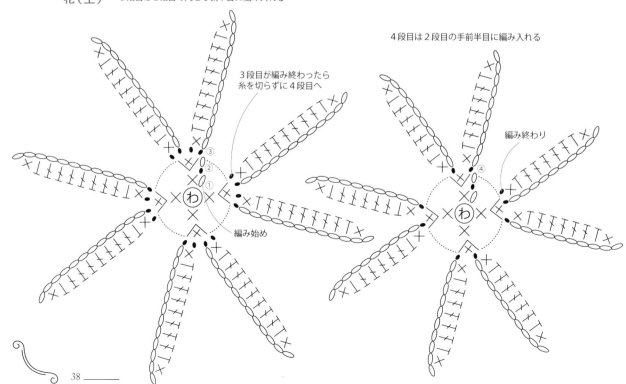

花（下）

3段目は2段目の向こう側半目に編み入れる

3段目が編み終わったら
糸を切らずに4段目へ

編み始め

4段目は2段目の手前半目に編み入れる

編み終わり

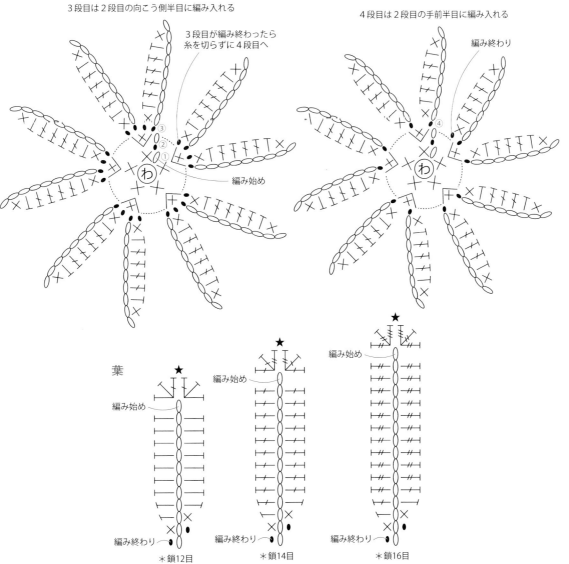

葉

編み始め

★

編み始め

★

編み始め

★

編み終わり

＊鎖12目

編み終わり

＊鎖14目

編み終わり

＊鎖16目

ガク

2段目は1段目の向こう側半目に編み入れる

編み始め

2段目が編み終わったら
糸を切らずに3段目へ

3段目は1段目の手前半目に編み入れる

編み終わり

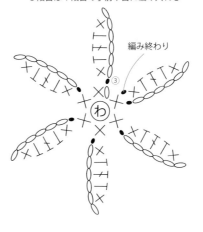

編み図の★で印したところは、花弁の先などをほんの少し尖らせたいときに使う独自の編み方になります。他の花でも使います。

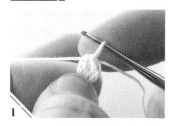

1 花(上)を作る。p23を参照して輪の作り目をし、細編み4目を編んで輪を引き締める。1段目の細編みの頭の鎖に針を入れ引き抜く。1段目が完成。

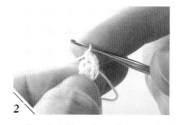

2 2段目を編む。鎖1目編み、同じ目に針を入れて、細編みを2目編み入れる。

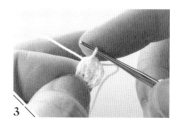

3 同様に編み、2段目の細編みの頭の鎖に針を入れ、針に糸をかけて引き抜く。2段目が完成。これで目が4目から8目に増えた。

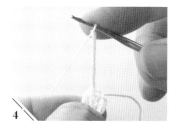

4 3段目を編んでいく。鎖12目編む。

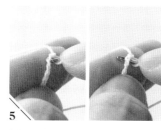

5 編んだ鎖の1つ前の目の糸2本(鎖の半目と裏山の糸)に針を入れる。

6 細編みを1目編む。

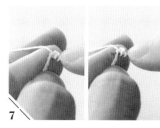

7 針に糸をかけて次の鎖の半目に針を入れる。

8 中長編みを1目編む。同様にして長編みを7目編む。

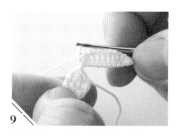

9 中長編み1目、細編み1目まで編んだところ。

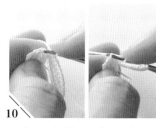

10 2段目の細編みの向こう側半目に針を入れて引き抜く。

11 これで3段目の花弁が1枚完成。

12 残りも同様にして編み、合計8枚の花弁を編む。3段目が完成。

13 4段目を編む。2段目の手前側半目がわかりにくいときは、目打ちで目を広げる。

14 残した手前半目に針を入れて引き抜く。

15 鎖を10目編む。

16 3段目と同様に、編んだ鎖の1つ前の目の糸2本に針を入れて細編みを1目編む。

17 次の鎖に針を入れ、中長編み1目、長編み5目、中長編み1目、細編み1目を編み、3段目の次の手前側半目に針を入れる。

18 引き抜いたところ。これで4段目の花弁が1枚完成。

19 残りも同様にして編み、合計8枚の花弁を編む。

20 4段目の1枚目の花弁を立ち上げた隣の目に針を入れ、引き抜く。

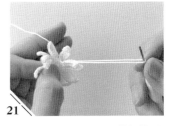

21 糸は10cmほど残して引き抜く。p48の手順**15**を参照して、編み目にくぐらせてから根元で切る。編み始めの糸は根元で切る。

22 ピンセットで花弁1枚1枚を広げるようにして、形を整える。

23 花(上)が完成。手順**1〜22**を参照し、花(下)、ガクも編み図にしたがって編む。ガクは編み終わりの糸を30cmほど残しておく。

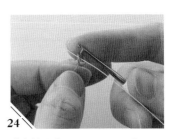

24 葉(小)を作る。ワイヤーを24cm長さに切り、p35の手順**27〜28**を参照し、結び目にワイヤーを通し、糸を引き締める。

25
ワイヤーの真ん中に結び目を移動し、ワイヤーと編み始めの糸端を一緒に持つ。ワイヤーの下から針を入れ、針に糸をかけ、ワイヤーの下から引き出す。

26
そのままワイヤーの上から針に糸をかけ、針にかかった2本の糸を引き抜く。

27
同じように12目編む。これが編み図の鎖編みの作り目となる。

28
針を固定し、ワイヤーを左に向かって手前から回転させる、向こう側半目に針を入れ、針に糸をかけて引き抜く。

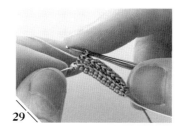

29
向こう側半目に針を入れ、編み図に従って細編み1目、中長編み8目編む。

30
次の向こう側半目に針を入れ、中長編みを1目編む。

31
同じ目に中長編み1目、長編み1目を編み入れる。

32
編み図の★を編む。長編みの足部分、左側の糸1本(左の写真で丸印をつけたところ)を針ですくう。

33
針に糸をかけて引き抜く。

34
★の編み目が完成。葉の先端がとがった形になる。

35
編んだ部分がワイヤーの真ん中に来るようにし、ワイヤーを半分に折って持ち、針に糸をかけて残した手前側半目に針を入れる。

36
ワイヤーの下から針を入れ、針に糸をかける。ワイヤーの下から糸を引き出して長編みを1目編む。

37 同じ目に中長編み2目を編み入れる。

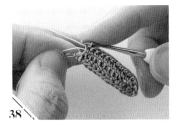

38 手前側半目に針を入れ、編み図に従って中長編み9目、細編み1目編む。

39 残った手前側半目に針を入れる。

40 針に糸をかけて引き抜く。

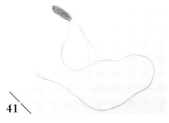

41 糸を30cmほど残して切る。葉（小）が完成。同様にして、全部で葉を3種類2枚ずつ編む。それぞれ着色して乾かしておく。

42 花芯を作る。編み糸を指に70回ほど巻きつける。

43 指から糸の輪をそっと外し、24cmに切ったワイヤーを通す。

44 ワイヤーの真ん中くらいまで通したら、半分に折る。

45 ワイヤーの折った部分を指で押さえ、締める。

46 別の糸を10cmに切り、輪の根元5mmほどのところに2〜3回巻く。

47 糸の両端を持ち、2回結んでしっかり留める。残った糸端は糸の輪に合わせておく。

48 糸の結び目とその周り全体に接着剤をつけて固定する。

49 糸の輪をハサミで切り、房状にする。

50 房の先端をハサミで少しずつ切りそろえる。回しながら切り、丸く形を整えていく。

51 形を整え終わったところ。

52 全体を灰で染め、中央の先端に紫を重ねて染める。

53 花は薄い黄と赤で、ガクは黄緑で染めて乾かしておく。目打ちで中心をそれぞれ広げる。

54 コテ台にペーパータオルを敷き、花（上）を裏を上にしてのせ、スズランコテ（大）のコテ先を入れてクルクル動かして形を整える。花（下）、ガクも同様にする。

55 花（上）の中心に花芯のワイヤーを通す。

56 花（上）の中心に接着剤をつける。

57 ワイヤーを引いて、花芯を根元までつける。

58 花（下）の中心に花芯のワイヤーを通し、中心に接着剤をつけて花（上）に重ねてつける。

59 ガクも同じように花芯のワイヤーを通し、中心に接着剤をつけて花（下）に重ねてつける。

60 全体を軽く指で押さえて、丸く形を整える。

61 ワイヤーの根元に接着剤をつけ、ガクの糸で5mmほど巻く。

62 葉はそれぞれ根元に接着剤をつけ、5mmほど糸を巻いておく。糸の巻き終わりの位置を合わせ、葉(小)を組み合わせる。

63 ワイヤーの根元に接着剤をつけ、ガクの糸で2〜3mmほど巻く。

64 同じように残りの葉(小)を組み合わせる。ワイヤーの根元に接着剤をつけ、ガクの糸で2〜3mmほど巻く。

65 バランスを見て葉(中)を組み合わせる。ワイヤーの根元に接着剤をつけ、ガクの糸で2〜3mmほど巻く。

66 残りの葉(中)1枚、葉(大)2枚も同様にして組み合わせ、ガクの糸で巻いていく。

67 ワイヤーに接着剤をつけながら、残りの糸を3cmほど巻く。

68 茎を黄緑とオリーブグリーンで染め、硬化液スプレーをかけて乾かす。

69 糸の巻き終わり部分の表面に接着剤をつけてなじませる。乾いたら茎を斜めに切り、切り口に接着剤をつけて乾かす。

70 完成。

フクシア

下向きに咲く様子から、
「貴婦人のイヤリング」とも呼ばれるフクシア。
特徴的な形と鮮やかな色を表現しました。
めしべとおしべをワイヤーと
刺しゅう糸で作るのもポイント。
パーツAで用いる「Y字編み」は、
p27を参照してください。

口絵 ———	P.15
完成サイズ ———	4cm
花の直径 ———	2cm
葉の長さ ———	大1.3cm、小1cm
着色 ———	花Bはフューシャピンクに染め、葉は黄緑に染めてオリーブグリーンを重ねる

材料

DMC コルドネスペシャル（BLANC＃80）
地巻きワイヤー（白＃35）
アーティスティックワイヤー
刺しゅう糸　DMC601（濃ピンク）、DMC470（黄緑）

編み図

花A

編み終わり
②①
わ
編み始め
編み終わり

葉

編み始め

編み始め

編み終わり
編み終わり
＊鎖12目
＊鎖16目

花B

編み始め
②①
わ
編み終わり

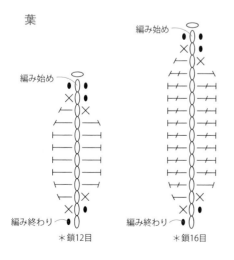
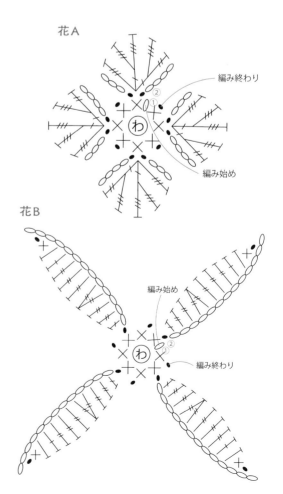

1

花Aを作る。p23を参照して輪の作り目をし、細編み8目を編んで輪を引き締める。1段目の細編みの頭の鎖に針を入れる。

2

針に糸をかけて引き抜く。1段目が完成。

3

2段目を編む。鎖4目編み、三つ巻き長編みを1目編む。

4

針に糸を3回巻きつけ、1つ前の三つ巻き長編みの足の糸2本に針を入れる。

5

糸をかけて引き抜き、2本ずつ引き抜いて三つ巻き長編みを1目編む。

6

針に糸を4回巻きつけ、四つ巻き長編みを1目編む。

7

針に糸を3回巻きつけ、1つ前の四つ巻き長編みの脚の糸2本に針を入れ、三つ巻き長編みを1目編む。

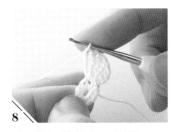

8

三つ巻き長編みを1目編む。

9

鎖4目編み、同じ目に針を入れ、針に糸をかけて引き抜く。

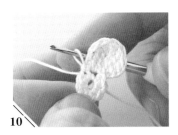

10

次の細編みの頭の鎖に針を入れ、針に糸をかけて引き抜く。花弁が1枚完成。

11

残り3枚の花弁も同様にして編み、残りの細編みの頭の鎖1目に引き抜く。

12

花Aを編み終わったところ。

13 編み終わりの糸を15cmほど残して切り、引き抜く。

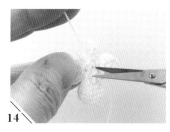

14 編み始めの糸を引き締め、根元で切る。

15 縫い針に編み終わりの糸を通して裏側に糸を出し、編み地に何度か糸を通して根元で糸を切る。

16 花Aが完成。もう1つも同様に作る。

17 花Bを作る。p23を参照して輪の作り目をし、細編み8目を編んで輪を引き締める。1段目の細編みの頭の鎖に針を入れ、針に糸をかけて引き抜く。

18 鎖13目編む。

19 左隣の鎖の半目と裏山の糸を針で取る。

20 針に糸をかけて引き抜く。

21 鎖の半目の糸を針で取り、細編み1目編む。

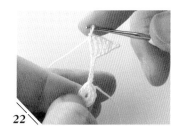

22 鎖の半目を針で取り、編み図にしたがって中長編み1目、長編み1目、長々編み3目編む。

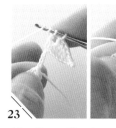

23 鎖の半目を針で取って長々編み1目を編む。最後に引き抜くところを引き抜かずに、隣の鎖の半目に針を入れる。

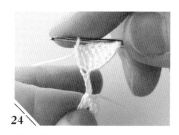

24 長々編みをもう1目編んで引き抜く。これで前段の2目が1目になった。

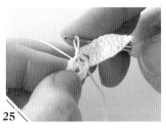

25 鎖の半目を針で取り、編み図にしたがって長々編み2目、長編み1目編む。

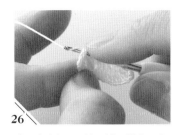

26 次の細編みの頭の鎖に針を入れ、針に糸をかけて引き抜く。

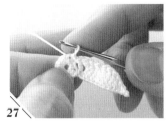

27 花弁が1枚完成。残り3枚の花弁も同様にして編む。

28 残りの細編みの頭の鎖1目に引き抜く。

29 p48の手順**13〜15**を参照し、糸を処理する。花Bが完成。もう1つも同様に作り、フューシャピンクに着色し、形を整えて硬化液スプレーをかけておく。

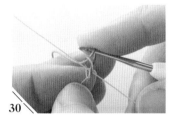

30 葉（小）を作る。ワイヤーを24cm長さに切り、p35の手順**27〜28**を参照し、結び目にワイヤーを通し、糸を引き締める。

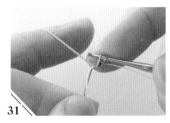

31 ワイヤーの中心に結び目がくるようにし、ワイヤーと編み始めの糸端を一緒に持つ。ワイヤーの下から針を入れ、針に糸をかけ、ワイヤーの下から引き出す。

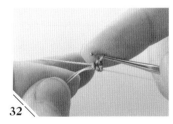

32 そのままワイヤーの上から針に糸をかけ、針にかかった2本の糸を引き抜く。

33 同じようにもう11目編む。これが編み図の鎖編みの作り目となる。

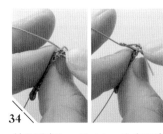

34 針を固定し、ワイヤーを左に向かって手前から回転させる。向こう側半目に針を入れ、針に糸をかけて引き抜く。

35 向こう側半目に針を入れ、編み図にしたがって細編み1目、中長編み6目、細編み1目編む。

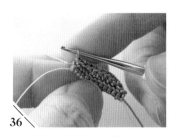

36 次の向こう側半目に針を入れ、引き抜き編み2目編む。

37 鎖1目編み、鎖の1つ下の糸（引き抜き編みの上半目）と鎖の作り目の残した半目に針を入れる。

38 針に糸をかけて、一気に引き抜く。

39 編んだ部分がワイヤーの真ん中に来るようにし、ワイヤーを半分に折って持ち、針に糸をかけて残した手前側半目に針を入れる。

40 ワイヤーの下から針を入れ、針に糸をかける。ワイヤーの下から糸を引き出して細編みを1目編む。

41 手前側半目に針を入れ、編み図にしたがって中長編み8目、細編み1目編む。

 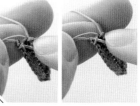

42 残った手前側半目に針を入れ、針に糸をかけて引き抜く。

43 糸を30cmほど残して切る。葉（小）が完成。同様にして、全部で葉を2種類2枚ずつ編む。それぞれ着色して乾かしておく。

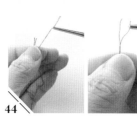

44 おしべを作る。刺しゅう糸（DMC601）から1本糸を抜き取り、さらに1本ずつに分ける。

45 アーティスティックワイヤーの右端5cmくらいのところで刺しゅう糸をそろえて持つ。

46 接着剤をつけて、糸を巻く。巻き始め2mmほどは糸を重ねて巻き、ふくらみを作る。

47 2cmほど巻いたら、巻き終わり2mmほどのところも糸を重ねて巻き、ふくらみを作る。

48 人差し指に接着剤を少しつけ、巻き終わりに薄く塗りなじませる。

49
巻き始めと巻き終わりのワイヤーと糸を切る。おしべ１本が完成。同様にして合計５本作る。

50
めしべを作る。p50の手順44〜46を参照して、アーティスティックワイヤーに刺しゅう糸を巻きつける。巻き始め３㎜ほどは糸を複数回巻き、1.5㎝ほど巻く。

51
組み立てる。地巻きワイヤーを20㎝長さに切って真ん中で折り、おしべ５本をはさむ。

52
折ったワイヤーの根元を指で押さえ、おしべを半分に折り曲げる。

53
刺しゅう糸の巻き終わりの位置を合わせて、おしべの束にめしべをまとめる。めしべが５㎜ほど出る。同様に、おしべとめしべの束をもう１組作る。

54
花Aは水通しし、表が外側になるように丸め、形を丸く整える。

55
硬化液スプレーをかけ、乾かす。

56
花Aの中心に目打ちを入れ、穴を広げる。

57
花Aの中心におしべとめしべの束のワイヤーを通す。

58
花Bの中心にワイヤーを通す。

59
花Bの中心から花弁の根元にかけて接着剤をつける。

60
指で押さえながらワイヤーを引き、花Bをつける。

61

ピンセットで花Bの花弁を開いてカールした形に整え、おしべとめしべも形を整える。

62

おしべとめしべの根元に接着剤をつける。

63

刺しゅう糸（DMC601）を1本抜き出し、写真のようにワイヤーに合わせて持つ。

64

ワイヤーの根元に接着剤をつける。

65

糸を行ったり来たりさせながら、根元の部分3〜4mmほどのところに糸を複数回巻きつけ、ふくらみを作る。

66

刺しゅう糸（DMC470）を1本抜き出し、写真のようにワイヤーに合わせて持つ。

67

ワイヤーの根元に接着剤をつけ、手順65のように根元の部分1〜2mmほどのところに糸を複数回巻きつけ、ふくらみを作る。

68

緑の刺しゅう糸とワイヤー1本を残して、残りの刺しゅう糸とワイヤーを切る。接着剤をつけながら、刺しゅう糸をワイヤーに1cmほど巻く。

69

同様にしてもう1個花を組み立てる。糸の巻き終わりの位置を合わせて花を合わせ、接着剤をつけながら刺しゅう糸を2〜3mm巻く。

70

それぞれの葉は接着剤をつけて根元に糸を2〜3mm巻いておく。

71

糸の巻き終わりの位置を合わせて葉（小）2枚、葉（大）2枚を組み合わせる。同じサイズの葉が1枚ずつ茎の左右に来るようにし、糸を1cmほど巻く。

72

茎を染め、硬化液スプレーをかけて乾かす。人差し指に接着剤をつけ、糸の巻き終わりの表面に薄く塗って乾かす。茎を斜めに切り落として、切り口に接着剤をつけて乾かす。形を整えて完成。

ウツボカズラ

食虫植物の代表ともいえるウツボカズラ。
つぼ形の部分は捕虫器で、
じつは葉が変化したもの。
袋状に編んだら、しっかり形を整えます。
フタの部分も忘れずに。

口絵 ————— P.10
完成サイズ —— 3cm
袋の直径 ——— 0.5cm
袋の長さ ——— 1.3cm
葉の長さ ——— 1.8cm
着色 ————— 袋は全体を黄緑に染めて水けを取り、
　　　　　　　赤をランダムに重ねてまだら模様に染める。葉は黄緑に染める

材料 _____

DMC コルドネスペシャル（BLANC♯80）
地巻きワイヤー（白♯35）

編み図 _____

フタ

編み始め
編み終わり
わ

袋

編み終わり

⑫⑪⑩⑨⑧⑦⑥⑤④③②①

わ

編み始め

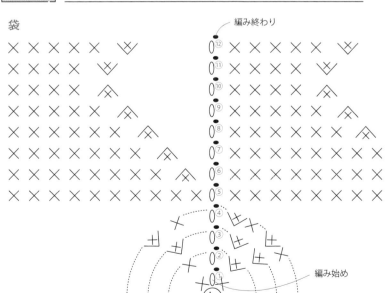

葉

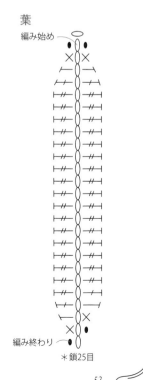

編み始め

編み終わり

＊鎖25目

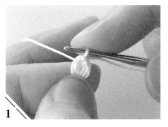  

1

袋を作る。p23を参照して輪の作り目をし、細編み5目をゆるめに編んで輪を引き締める。1段目の細編みの頭の鎖に針を入れ、針に糸をかけて引き抜く。1段目が完成。

2

鎖1目編み、1段目の細編みの頭の鎖に針を入れ、細編みを4目編む。

3

残りの細編みの頭の鎖に針を入れ、細編みを2目編み入れる。

4

編み図にしたがって、細編みを2目編み入れながら増やし目をしていく。3段目まで編んだところ。

5

同じように増やし目をし、4段目まで編む。

6

一度編み針を糸から外して中心に入れ、編み始めの糸を表側に引き出す。

7

表に出した糸を引き、編んだ中心を引き出すようにする。

8

針を再び入れる。

9

4段目の細編みの頭の鎖に針を入れ、編み図に従って5段目を編む。

 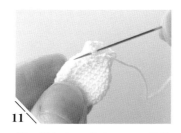   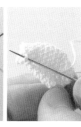

10

編み図にしたがって、12段目まで編む。

11

編み終わりの糸を15cmほど残して切り、縫い針に編み終わりの糸を通して、袋の縁に縫い針を入れる。

12

目立たないよう、何度か糸を編み地に通す。

13
縁まで糸をくぐらせたら、根元
で糸を切る。

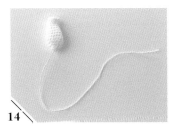

14
袋が完成。

15
フタは編み図に従って編んだら、
編み終わりの糸を20cmほど残
して切る。編み始めの糸は根元
で切る。

16
フタを袋に縫いつけていく。袋
の編み始め位置の中心に、縫い
合わせたようなラインがあるの
で、その上の縁につける。

17
フタの糸を縫い針に通し、袋の
縁、編み始めの中心から5mmほ
どのところの1目に針を入れる。

18
糸を引いて、フタを袋の縁に合
わせる。フタの表が上にくるよ
うにする。

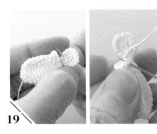

19
3回ほど縫い合わせる。

20
縫い終わりの糸は、フタの内側
の縁あたりにくぐらせる。

21
根元で糸を切る。

22
フタと袋を縫い合わせたところ。

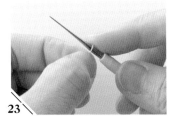

23
ワイヤーを12cmに切って半分
に折り、目打ちの根元にあてて
丸みをつける。

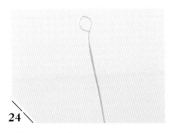

24
目打ちから外す。

25 袋の下の中心に目打ちを入れ、穴を広げる。

26 真ん中を丸くしたワイヤーを袋の内側から差し込む。

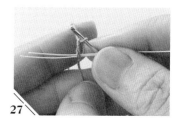

27 袋に通したワイヤーに葉を編みつける。ワイヤーの端が左側になるように持つ。編み始めの糸は長めに20cmほど残す。p35の手順**27**〜**28**を参照し、結び目にワイヤーを通す。

28 編みやすい位置に結び目を移動する。ワイヤーの下から針を入れ、編み始めの糸を巻き込まないよう針に糸をかける。

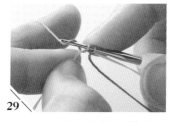

29 ワイヤーの下から糸を引き出し、そのままワイヤーの上から針に糸をかけ、針にかかった2本の糸を引き抜く。

30 同じようにもう24目編む。これが編み図の鎖編みの作り目となる。

31 針を固定し、ワイヤーを左に向かって手前から回転させる。向こう側半目に針を入れ、針に糸をかけて引き抜く。

32 編み図にしたがって細編み1目、中長編み1目、 長編み1目、長々編み16目、長編み1目、中長編み1目、細編み1目編む。

33 鎖1目編み、鎖の作り目の残した半目に針を入れる。

34 針に糸をかけて引き抜く。

35 編み図にしたがって細編み1目、中長編み1目、 長編み1目、長々編み17目、長編み1目、中長編み1目、細編み1目編む。

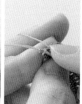

36 残った手前側半目に針を入れ、針に糸をかけて引き抜く。

37 編み終わりの糸は40cmほど残して切る。袋の下から1.3cmほどのところに葉が来るように移動する。

38 袋の糸を引き締め、根元で切る。

39 接着剤をワイヤーにつけながら、葉の糸を袋のほうに向けて巻く。

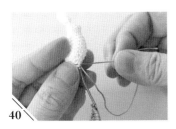

40 袋の根元まで巻いたら、縫い針に糸を通して袋の下の編み地に2回ほどくぐらせ、根元で切る。

41 葉の下のワイヤーに接着剤をつけ、1.5cmほど糸を巻く。

42 糸を巻いた部分を目打ちにあてて曲げる。

43 ワイヤーを重ねた部分に接着剤をつけ、2〜3mmに糸を巻く。

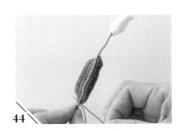

44 縫い針に糸を通し、葉のつけ根の編み地に2回ほどくぐらせ、根元で切る。水通しして半乾きの状態で染めて乾かす。

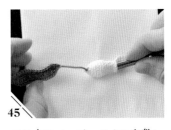

45 コテ台にペーパータオルを敷いてのせ、袋の部分にスズランコテ（極小）のコテ先を入れてクルクルと転がして形を整える。

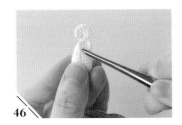

46 ピンセットで袋の縁の部分を外に折り返すようにして、形を整える。

47 着色し、乾いたら茎を曲げ、葉が袋の後ろに来るようにする。全体の形を整える。

48 袋の内側に接着剤をつけ、ワイヤーを固定する。硬化液スプレーをかけて乾かす。

フレーム飾りの仕立て方

モチーフを編んだら、フレームに飾って楽しみましょう。
ここでは、組み立てた後のモチーフを使っていますが、
花のパーツだけ編んで、編み終わりの糸で縫いつけて飾ってもよいでしょう。
好みの花で自由にフレームをデザインしてみてください。

道具と材料について

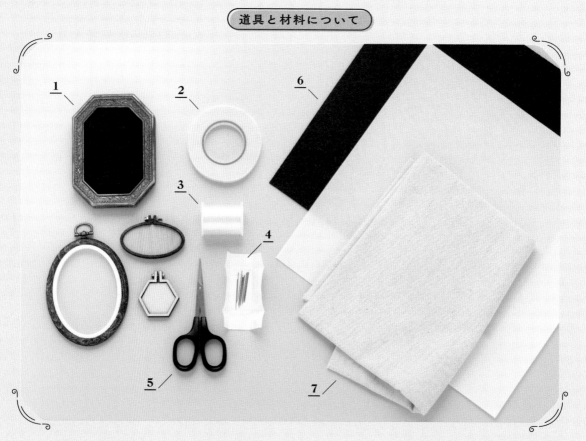

1 刺しゅう枠・フォトフレーム

刺しゅう枠は大きなものから1輪の花にぴったりなミニサイズまで、さまざまなサイズがあります。フォトフレームを使う場合は、ガラスやアクリルの板を外しましょう。

2 両面テープ

刺しゅう枠の下枠に布を張る際に使用します。1cm幅くらいのものが使いやすいです。

3 透明ミシン糸

布と芯地にモチーフを縫いつけるのに使います。花のパーツなどを縫いつける際は、編み終わりの糸でそのまま縫いつけてもよいでしょう。

4 縫い針

布を張ったり、モチーフを縫いつけたりするのに使います。

5 ハサミ

よく切れるもので、大小用意すると便利です。

6 バッグや帽子用の芯地

縫いつける土台には、バッグや帽子用の芯地を使います。白と黒があり、厚いものと薄いものがあります。フレームや布の色に合わせて選ぶとよいでしょう。

7 布

芯地や刺しゅう枠の下枠に張る布は、目の細かいものがおすすめです。フレームやモチーフに合わせて、色や素材を変えるとよいでしょう。

刺しゅう枠に飾る

手芸道具である刺しゅう枠は
さまざまな種類があり、
フレーム飾りに使いやすい素材です。
芯地を使わずに布を張るだけで
飾ることができます。

完成サイズ —— 直径10cm

材料

好みのモチーフ（ここではp62のネモフィラ）

直径10cmの刺しゅう枠

白い布

1
刺しゅう枠を外す。内側に
ある下枠に合わせ、1.5cm
ほど余白を取って布を切る。

2
下枠の外側に両面テープを
貼る。

3
はみ出た部分を縁に貼りつ
ける。

4
両面テープを貼った縁が下
にくるように布にのせる。

5
布の端を折って下枠に張り
つける。

6
表側に返して、シワやヨレ
のないように布を引っ張る。

7
下枠を上枠にはめ込む。

8
刺しゅう枠のネジを締める。

9
枠からはみ出た布を切る。

10
組み立てたモチーフを表の
布に合わせて持ち、ミシン
糸を通した縫い針を裏側か
ら刺す。

11
表から裏に向けて針を入れ、
2回ほど繰り返す。

12
糸から針を外し、裏側でし
っかり結んで留める。茎の
上下2カ所を縫いつけて完
成。

フォトフレームに飾る

モダンなものやアンティーク調など、
さまざまなテイストやデザインがあり、
モチーフに合わせて
コーディネートすると楽しいです。
芯地を布でくるんでモチーフを縫いつけます。

完成サイズ —— フレームの内側の直径10㎝

材料

好みのモチーフ（ここではp38のプロテア）
直径12㎝のフォトフレーム
黒い布
薄手の芯地（黒）

1
芯地をフレームのサイズに
合わせて切り、芯地からさ
らに1.5㎝ほど余白を取っ
て布を切る。

2
芯地の裏側2カ所にマスキ
ングテープなどをつける。

3
マスキングテープで布に仮
止めして、編み糸を縫い針
に通し、芯地の端から5㎜
ほどのところを縫う。

4
1周縫ったところ。マスキ
ングテープははがす。

5
糸端を引いて、布の縁を絞
る。

6
芯地を包むようにし、糸を
引き締めてしっかり結んで
留める。

7
表に返して、モチーフを合
わせて持ち、目打ちで4カ
所穴を開ける。

8
ミシン糸を通した縫い針を
裏側から刺す。

9
表から裏に向けて針を入れ、
2回ほど繰り返す。

10
糸から針を外し、裏側でし
っかり結んで留める。

11
茎の上下2カ所を縫いつけ
て完成。

12
フォトフレームにはめ込む。

モチーフの作り方

この本で紹介している花や植物のモチーフは、いくつかの作り方に分けられます。
細かい編み図は異なっても、作り方のタイプがわかると、作りやすくなります。
p32〜57のLessonパートで解説しているものもありますので、参考にしてください。

1枚で花弁を編む（ネモフィラ）

1枚の編み地で花弁を編むタイプのモチーフ
です。花弁が一重のネモフィラだけでなく、
何層かの花弁を編むクチナシもあります。何
層かの花弁を編むものは、花弁を編み入れる
位置をしっかり理解して編みましょう。

花弁を重ねる（プロテア）

花弁や花のパーツを2〜3枚に分けて編み、
重ねて花を形作ります。1枚1枚の花弁を編
むのはむずかしくありません。プロテアやム
クゲ、胡蝶蘭、アイリスなど。ムクゲは5枚
の花弁を少しずつ重ねて組み立てます。

小さいパーツをまとめる（コデマリ）

花弁や花などの小さなパーツを編み、ワイヤ
ーをつけて束ねるタイプ。1枚1枚のパーツ
は編みやすいので、練習にぴったりのモチー
フです。コデマリやプスキニア、麦など。

袋状に編む（ウツボカズラ）

袋状のパーツを編んで作ります。編む段階で
立体的な形になるので、編んだ後に形をしっ
かり整えることが大切。編み方はむずかしく
ありません。ウツボカズラやイチイなど。

実のパーツを作る

ウッドビーズに刺しゅう糸を巻きつけて作り
ます。この本では野ブドウだけを紹介。作り
方は難しくなく、p95でポイントを解説して
います。同じ実ものですが、イチイは袋状に
編んで作ります。

その他

アザミやネムの木は、糸を束ねて花を作りま
す。時計草は編んだパーツと、ワイヤーに刺
しゅう糸を巻きつけて作るパーツを組み合わ
せて。コットンフラワーは、羊毛フェルトを
成形して作ります。

ネモフィラ

北アメリカ原産で、「瑠璃唐草」という
和名を持ちます。
名前の通り、澄んだ青い色が美しい花です。
可憐な花の姿と葉のギザギザした形がポイント。
写真つきで解説しているので、
参考にしてください。

口絵 ──────── P.7
完成サイズ ──── 5cm
花の直径 ───── 1.3cm
葉の長さ ───── 1.5cm
着色 ─────── 花は縁を青、群青で染め、ガクと葉は黄緑に染める

材料

DMC コルドネスペシャル（BLANC ＃80）
地巻きワイヤー（白＃35）
ガラスブリオン　5個

編み図

花

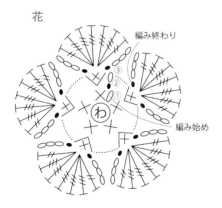

編み終わり
③
②
①
編み始め

ガク

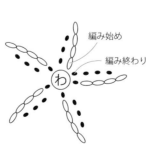

編み始め
編み終わり
わ

葉

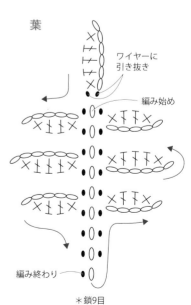

ワイヤーに
引き抜き
編み始め

編み終わり

＊鎖9目

作り方

1 編み図にしたがって、花を1枚編む。花を染め、乾く前に花弁が互い違いになるように形を整え、硬化液スプレーをかける。

2 ガクを1枚編み、編み終わりの糸を40cmほど残して切り、中心から表に出す。黄緑に染めて乾かし、硬化液スプレーをかける。

3 ワイヤーを12cmに切り、葉を1枚編む。編み方はポイントを参照。黄緑に染める。ワイヤーに接着剤をつけ、糸を2～3mm巻きつける。

4 花の中心を目打ちで広げる。ワイヤーを12cmに切り、花の中心ともう1カ所の編み目に通す。ワイヤーを二つ折りにし、花の編み終わりの糸を根元で切る。

5 ガクの中心に手順4のワイヤーを通し、裏側に接着剤をつけて固定する。ワイヤーに接着剤をつけ、ガクの糸を1.5cmほど巻きつける。

6 糸の巻き終わりの位置を合わせて葉を組み合わせる。ワイヤーに接着剤をつけ、ガクの糸を1cmほど巻く。

7 茎を黄緑で染めて乾かし、硬化液スプレーをかける。糸の巻き終わりに接着剤を薄く塗る。乾いたら硬化液スプレーをかけて乾かす。ワイヤーと糸を斜めに切り落とし、切り口に接着剤をつけて乾かす。

8 ブリオンをグレーの油性マーカー（コピックC5）で染める。少量の場合は、粘着面を表にして輪にしたマスキングテープなどにブリオンをつけて染めるとよい。

9 手順7の硬化液スプレーが乾いたら、花の中心に接着剤をつけ、ブリオンをピンセットでつける。色落ち防止のため、必ず硬化液スプレーをかけた後に着色したブリオンをつける。

ポイント1

p35の手順27～28を参照し、結び目に二つ折りにしたワイヤーを通し、糸を引き締める。2本まとめてワイヤーを編み込んでいく。

ポイント2

ワイヤーの中心に結び目がくるようにし、ワイヤーと編み始めの糸端を一緒に持つ。ワイヤーの下から針を入れ、針に糸をかけ、ワイヤーの下から引き出す。

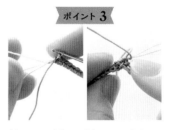

ポイント3

鎖を9目編み、編み地の向きを変えて向こう側半目に針を入れ、針に糸をかけて引き抜く。

ポイント4

編み図の右側3つ目の葉の山まで編んだら、ワイヤーを引き、輪の部分が1cmほど出るようにする。

ポイント5

引き出したワイヤーの輪の間に針を入れ、針に糸をかけて引き抜く。

ポイント6

編み図の上部分の山を編んだら、ポイント5と同じようにワイヤーの間に針を入れ、針に糸をかけて引き抜く。編み図にしたがって手前側半目に針を入れて編み進める。

ムクゲ

盛夏に大きな花を咲かせる、
しなやかで美しい花です。
生垣や庭木として親しまれてきました。
大ぶりの花弁は、1枚ずつ編んで組み立てます。
濡らさずに染めることで、くっきりとした色に。
おしべは刺しゅう糸を細かく切って
ワイヤーにつけて作ります。

口絵 ———— P.9
完成サイズ —— 5.5cm
花の直径 —— 1.8cm
花弁の直径 —— 0.8cm
葉の長さ —— 1.5cm
着色 ———— 花弁は水通しせずに根元を
　　　　　　　　フューシャピンクで染め、葉とガク、茎は黄緑に染める

材料

DMC コルドネスペシャル（BLANC＃80）
地巻きワイヤー（白＃35）
刺しゅう糸　DMC3078（薄黄）

編み図

花

5枚で1つの花
★ ★ ★ ★ ★
③
②
①
編み終わり　編み始め

ガク

わ
②
①
編み終わり
編み始め

葉
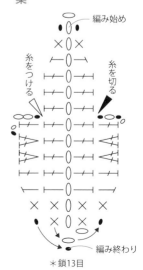
編み始め
糸をつける
糸を切る
編み終わり
＊鎖13目

作り方

1　編み図にしたがって、花弁を10枚編む。編み方はポイント**1〜6**を参照。

2　花弁は水通しせず、フューシャピンクに染める。濡らさずに染めることでインクのにじみを防ぎ、くっきりした色に染まる。乾いたら硬化液スプレーをかける。

3　編み図にしたがってガクを2枚編み、編み終わりの糸を40cmほど残して切り、中心から表に出す。黄緑に染めて中央をくぼませるようにして形を整えて乾かし、硬化液スプレーをかける。

4　ワイヤーを12cmに切り、編み図にしたがって葉を3枚編む。編み方のうち、糸を切る・糸をつける部分はp66ポイント**7〜11**を参照。編んだら黄緑に染める。それぞれワイヤーに接着剤をつけ、糸を2〜3mm巻きつける。

5　おしべを作る。p66ポイント**12〜14**を参照し、ワイヤーを12cmに切り、中心に接着剤をつけて刺しゅう糸を巻きつける。少し巻いたところで二つ折りし、円錐形になるようにさらに刺しゅう糸を巻く。糸を巻いた部分に接着剤をつけ、刺しゅう糸を細かく切ってつける。

6　おしべを中心に、花弁を5枚合わせて接着剤で固定する。花弁の根元に接着剤をつけ、花弁の糸で巻く。花の糸を全て切る（p66ポイント**15〜17**を参照）。

7　**6**の接着剤が乾いたら、ガクの中心に**5**のワイヤーを通し、花弁の根元に接着剤をつけて固定する（p66ポイント**18**を参照）。花弁の形や配置を整え、ワイヤーに接着剤をつけ、ガクの糸を1.5cmほど巻きつける。もう1組も同様に組み立てる。

8　糸の巻き終わりの位置を合わせて葉を組み合わせる。ワイヤーに接着剤をつけ、ガクの糸を1cmほど巻きつける。もう1組の花と残り2枚の葉も同じようにして、バランスを見ながら組み立てる。

9　茎を黄緑で染めて乾かし、硬化液スプレーをかける。糸の巻き終わりに接着剤を薄く塗る。乾いたら形を整え、硬化液スプレーをかけて乾かす。ワイヤーと糸を斜めに切り落とし、切り口に接着剤をつけて乾かす。

ポイント1

作り目をして鎖を2目編み、1つ目の鎖の目に針を入れる。

ポイント2

細編みを2目編み入れたら針を固定して、編み地を左に回転させて裏返す。3段目も鎖1目編んだところで同様に裏返す。

ポイント3

編み図にしたがって3段目を編む。

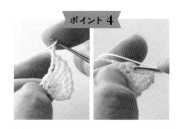

ポイント4

編み図にしたがって4段目を編み、鎖3目編んだら、1つ前の三つ巻き長編みと同じ目に針を入れて、針に糸をかけて引き抜く。

ポイント5

2段目の外側にある糸2本に針を入れ、針に糸をかけて引き抜く。次は1段目の鎖の目に針を入れて、同様に引き抜く。

ポイント6

花弁1枚が完成。編み終わりの糸は10cmほど残して切る。

ポイント 7

p35手順**27〜32**を参照し、編み図にしたがって葉を編む。編み図のうち「糸を切る」というところまで編んだら、編み終わりの糸を40cmほど残して切り、引き抜く。

ポイント 8

糸を引き抜いたところ。

ポイント 9

縫い針に編み終わりの糸を通し、編み地の裏側の編み目を1目ずつ拾って、反対側に糸を出す。

ポイント 10

編み図のうち「糸をつける」というところの編み目から糸を出す。

ポイント 11

編み進めた方向から7つ目の頭に針を入れ、針に糸をかけて引き抜く。編み図にしたがって編み進める。

ポイント 12

おしべを作る。刺しゅう糸を1本引き出す。12cmに切ったワイヤーの中心に接着剤をつけ、糸を2mmほど巻きつける。二つ折りにし、ピンセットで押さえる。

ポイント 13

接着剤をつけ、円錐形になるようにさらに刺しゅう糸を巻きつける。

ポイント 14

残りの刺しゅう糸をハサミでごく細かく切る。ワイヤーに刺しゅう糸を巻いた部分全体に接着剤をつけ、切った糸を指でつける。硬化液スプレーをかける。

ポイント 15

花を組み立てる。おしべを中心にして、花弁3枚を重なるように合わせ、根元に接着剤をつける。残りの花弁2枚も合わせて形を整える。

ポイント 16

花弁の根元の外側に接着剤をつけ、3mmほど糸を巻く。糸を全て根元で切る。

ポイント 17

花弁の形を整える。5枚の花弁が少しずつ重なるような配置にするとよい。

ポイント 18

接着剤が乾いたら、ガクの中心にワイヤーを通し、花弁の根元に接着剤をつけて固定する。

クチナシ

純白の花が高貴さを感じさせるクチナシ。
この本では、大ぶりの八重咲のタイプを作りました。
1枚の編み地に3層の花弁を編んでいきます。
葉は3枚をセットにしてまとめて組み立てて。
おしべはp64のムクゲのように作ります。

口絵 ——————— P.11
完成サイズ ——— 5.2cm
花の直径 ——— 2cm
葉の長さ ——— 1.2cm
着色 ——————— 葉とガク、茎は黄緑に染める

材料

DMC コルドネスペシャル(BLANC♯80)
地巻きワイヤー(白♯35)
刺しゅう糸　DMC3078(薄黄)

作り方

1 編み図にしたがって、花を1枚編む。6段目の花弁は3段目の手前半目に編み入れ、7段目は2段目の手前半目に編み入れる。それぞれ花弁は1目に編み入れる。Y字編みの部分はp27を参照。編み終わりの糸は15cmほど残して切り、花弁に影響しないところにくぐらせて切る。形を整え、硬化液スプレーをかける。

2 編み図に従ってガクを1枚編み(p68ポイント**1**〜**2**参照)、編み終わりの糸を40cmほど残して切り、中心から表に出す。黄緑に染めて乾かし、硬化液スプレーをかける。

3 ワイヤーを12cmに切り、p35手順**27**〜**32**を参照し、編み図に従って葉を6枚編む。黄緑に染める。それぞれワイヤーに接着剤をつけ、糸を2〜3mm巻きつける。

4 おしべを作る。ワイヤーを20cmに切り、中心に接着剤をつけて刺しゅう糸を巻きつける。少し巻いたところで二つ折りし、先端が丸くなるようにさらに刺しゅう糸を巻く。巻き終わりの部分に接着剤をつけて乾かす。

5 組み立てる。花の中心を目打ちで広げ、おしべのワイヤーを根元まで通す。花の根元に接着剤をつけ、花の編み始めの糸をワイヤーに7〜8mm巻く。

6 ガクの中心に手順**5**のワイヤーを通し、花の糸の巻き終わりの位置に合わせる。ワイヤーに接着剤をつけて固定する。ワイヤーに接着剤をつけ、ガクの糸を1.5cmほど巻きつける。

7 葉はそれぞれワイヤーに接着剤をつけ、根元に2〜3mm糸を巻く。糸の巻き終わりの位置を合わせて3枚を組み合わせる。ワイヤーに接着剤をつけ、ガクの糸を1cmほど巻きつける。残り3枚も同様にして束を作る。

8 手順**6**の花と糸の巻き終わりの位置を合わせて葉の束を組み合わせる。ワイヤーに接着剤をつけ、ガクの糸を1cmほど巻きつける。もう1組も同様にして組み立てる。

9 茎を黄緑で染めて乾かし、硬化液スプレーをかける。糸の巻き終わりに接着剤を薄く塗る。乾いたら形を整え、硬化液スプレーをかけて乾かす。ワイヤーと糸を斜めに切り落とし、切った部分に接着剤をつけて乾かす。

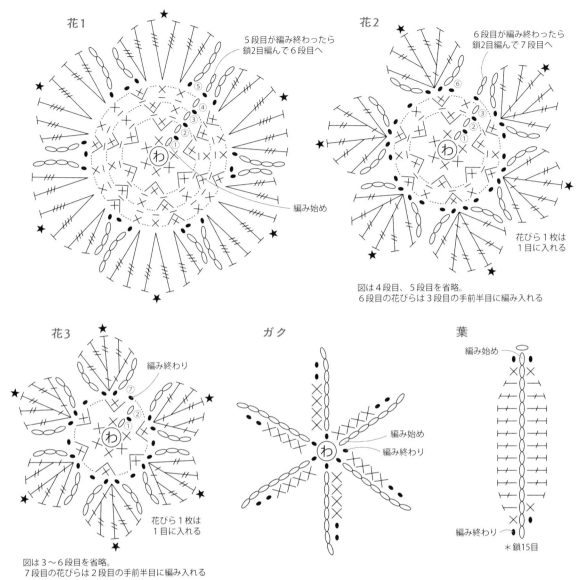

Lesson 08

麦

伸びやかな穂を持つ麦を編んでみました。
この作品のみ白い糸でなく、
ECRU(エクリュ)の糸で編みます。
穂を構成する小花をひとつずつ編み、
組み立てて穂全体の形を作ります。

口絵 ——————— P.14
完成サイズ ——— 9cm
小花の直径 ——— 0.5cm
小花の毛の長さ — 2.5cm
葉の長さ ——————— 2cm

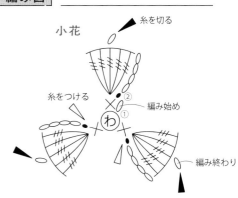

材料

DMC コルドネスペシャル(ECRU♯80)
地巻きワイヤー(白♯35)

作り方

1 小花を編む。p70ポイント **1**〜**4** を参照し、編み図にしたがって小花を6〜7枚編む。

2 小花は編み始めの糸を表側に出す。コテ先で形を整えて、硬化液スプレーをかける(p70ポイント **5**〜**6** 参照)。

3 葉を編む。p23を参照して輪の作り目をし、編み図にしたがって葉を2枚編む。形を整えて硬化液スプレーをかける。

4 組み立てる。ワイヤーを20cmに切り、小花2枚の中心と近くの編み目に通し、小花を重ねていく(p70ポイント **7**〜**10**参照)。

5 全て組み合わせたら、ワイヤーの根元に接着剤をつけ、5mmほど糸を巻く。葉の中心にワイヤーを通して糸を巻く(p70ポイント**11**〜**12**)。もう1枚の葉も同様に組み合わせる。

6 ワイヤーに接着剤をつけ、糸を1.5〜2cmほど巻きつける。糸の巻き終わりに接着剤を薄く塗る。乾いたら形を整え、硬化液スプレーをかけて乾かす。ワイヤーと糸を斜めに切り落とし、切った部分に接着剤をつけて乾かす。小花から出た穂の糸をバランスを見て切る。

編み図

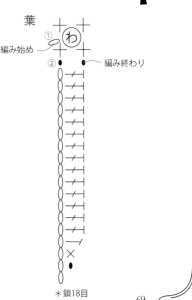

小花

糸を切る

糸をつける

② 編み始め
①
わ

編み終わり

編み終わり

葉

①
わ

編み始め

②
編み終わり

＊鎖18目

69

ポイント1

p23を参照して輪の作り目をし、細編み3目をゆるめに編んで輪を引き締める。編み図にしたがって引き抜き編み1目、鎖4目、三つ巻き長編み5目一度を編む。

ポイント2

鎖1目編む。編み終わりの糸は10cmほど残して切り、引き抜く。

ポイント3

次の細編みの頭に針を入れ、新しい糸をつける。編み始めの糸端を40cmほど残し、針に糸をかけて引き抜く。同様に編み、編み終わりの糸は10cmほど残して切り、引き抜く。

ポイント4

次の細編みの頭に針を入れ、先ほど長く残した編み始めの糸を引き抜く。同様に編み図にしたがって編み、終わりの糸は10cmほど残して切って引き抜く。

ポイント5

全体を水で濡らし、水けを拭き取る。コテ台にペーパータオルを敷き、小花の裏側を上にしてのせ、スズランコテ(極小)のコテ先を入れて動かして形を整える。

ポイント6

編み終わりの糸は上にまっすぐに伸ばし、硬化液スプレーをかける。クリップで糸をまとめて固定しておく。

ポイント7

組み立てる。ワイヤーを20cmに切り、小花2枚の中心と近くの編み目の2カ所に通す。

ポイント8

ワイヤーの根元に接着剤をつけ、6回ほど糸を巻く。

ポイント9

2つ目の小花の中心にワイヤー2本を通し、1つ目の小花の糸を根元で切る。

ポイント10

ワイヤーの根元に接着剤をつけ、2つ目の小花の糸で6回ほど糸を巻く。同様に巻いた糸を次の小花をつけた後に切りながら、残りの小花を組み合わせていく。

ポイント11

葉は2枚とも中心を目打ちで広げる。小花のワイヤーを通す。

ポイント12

ワイヤーの根元に接着剤をつけ、5mmほど糸を巻く。

アザミ

野山に自生するアザミは、
とがった葉や針のような花が特徴の素朴な花。
スコットランドの国花として親しまれています。
p38のプロテアの花芯のように、
編み糸をタッセル状にして花を作ります。

口絵	P.10
完成サイズ	6cm
花の直径	1.2cm
花の長さ	1cm
ガク部分の長さ	1cm
葉の長さ	2cm
着色	花はフューシャピンクで染め、

葉とガク、茎は黄緑とオリーブグリーンを重ねて染める

材料

DMC コルドネスペシャル（BLANC＃80）
地巻きワイヤー（白＃35）

作り方

1 プロテアのp43の手順**42**〜p44の手順**49**を参照して、糸を指先に60回ほど巻きつけて花を作る。フューシャピンクで染め、乾いたら硬化液スプレーをかける。糸を開き、形を整える。

2 編み図にしたがってガク（上）を編む。2段目は1段目の向こう側半目に編み入れ、3段目は1段目の手前半目に編み入れる。編み終わりの糸は15cmほど残して切り、縫い針を通して抜けないように編み地にくぐらせて根元で切る。

3 編み図にしたがってガク（下）を編む。手順**2**と同様に、2段目は1段目の向こう側半目に編み入れ、3段目は1段目の手前半目に編み入れる。編み終わりの糸は30cmほど残して切り、中心から表に出す。黄緑で染め、裏を上にしてコテ台にのせる。コテ先（スズランコテ大）で真ん中をくぼませた形に整え、硬化液スプレーをかける。

4 ワイヤーを24cmに切り、p35手順**27**〜**32**を参照し、編み図に従って葉を2枚編む（p72ポイント**1**〜**3**参照）。黄緑とオリーブグリーンで染め、硬化液スプレーをかける。ワイヤーに接着剤をつけ、糸を2〜3mm巻く。

5 組み立てる。花のワイヤーをガク（上）、ガク（下）の順に中心に通し、それぞれガクの内側、花との間に接着剤をつけて固定する。指でしっかり押さえる。

6 花の根元、ガク（上）の内側に少し接着剤をつけて糸で巻く（p72ポイント**4**〜**6**参照）。

7 ワイヤーに接着剤をつけ、ガク（下）の糸を1cmほど巻きつける。糸の巻き終わりの位置を合わせて葉を組み合わせる。ワイヤーに接着剤をつけ、ガクの糸を1cmほど巻きつける。残りの葉も同じようにして、バランスを見ながら組み立てる。

8 茎を黄緑とオリーブグリーンで染めて乾かし、硬化液スプレーをかける。糸の巻き終わりに接着剤を薄く塗る。乾いたら形を整え、硬化液スプレーをかけて乾かす。ワイヤーと糸を斜めに切り落とし、切り口に接着剤をつけて乾かす。

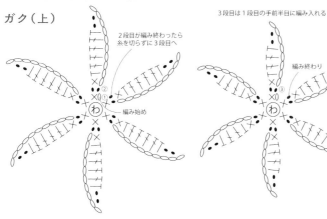

ガク（上）

2段目は1段目の向こう側半目に編み入れる

2段目が編み終わったら糸を切らずに3段目へ

編み始め

3段目は1段目の手前半目に編み入れる

編み終わり

葉

編み始め

段から拾う

編み終わり

＊鎖20目

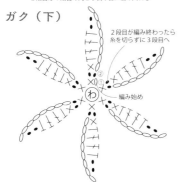

ガク（下）

2段目は1段目の向こう側半目に編み入れる

2段目が編み終わったら糸を切らずに3段目へ

編み始め

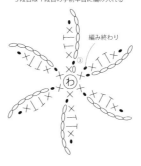

3段目は1段目の手前半目に編み入れる

編み終わり

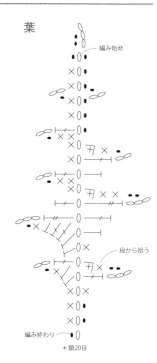

ポイント 1

編み図にしたがって葉を編み、ひとつ目の山の鎖3目まで編んだら、鎖の目2本に針を入れて引き抜く。次は鎖の目1本に針を入れて同様に引き抜く。

ポイント 2

次の山や、先端の山の引き抜き編みも同様に編む。引き抜き編み2目まで編んだら、長編みの段1目に針を入れ、細編みを編む。

ポイント 3

長編みの次の段1目に針を入れて細編みを編み、完成させずに途中でワイヤーの鎖の向こう半目に針を入れて細編みを編み、2目一度に引き抜く。

ポイント 4

花にガク（上）、ガク（下）を組み合わせたら、ガク（上）と花の間に接着剤をつける。

ポイント 5

接着剤をつけた部分を糸でしばり、乾いたら糸を外す。こうすることでくびれた形を作る。

ポイント 6

糸をハサミで切る。ピンセットで糸の先端を開くようにして形を整える。

アジサイ「万華鏡」

八重咲きの小さな花が集まって咲くアジサイです。
花の房はドーム状で、薄いブルーの色もあり、
繊細な美しさがあります。
3つのパーツに分けて編んで
組み合わせることで、
繊細な花の重なりを再現してみました。

口絵 ———————— P.7
完成サイズ ———————— 6㎝（横4.5㎝）
花の直径 ———————— 2.5㎝
着色 —— 花はそれぞれのパーツを水色と群青に染め、
　　　　縁は白く残す。
　　　　茎は黄緑とオリーブグリーンを重ねて染める

材料

DMC コルドネスペシャル（BLANC＃80）
地巻きワイヤー（白＃35）
ブリオン（パール・白）

作り方

1 編み図にしたがってパーツA、B、Cをそれ
ぞれ7枚ずつ編む。AとBは、編み終わりの
糸を20㎝ほど残して切る。縫い針に糸を通し
て裏側に糸を出し、編み地に糸を通してほつ
れないようにしてから根元で切る。A、B、C
それぞれ編み始めの糸を根元で切る。Cは編
み終わりの糸を裏側に出しておく。

2 p74のポイントを参照し、編んだパーツを染
める。水通ししたら、それぞれの花弁の縁は
染めずに白く残し、左側を水色に染める。右
側を群青に染める。乾いたら硬化液スプレー
をかける。他のパーツも同様に染める。

3 パーツAの中心近くの編み目に目打ちを入れ、
穴を開ける。ワイヤーを20㎝に切って二つ折
りにし、中心と近くの編み目の2カ所に通す。
パーツBの中心にワイヤーを通す。花弁の位
置が重ならないようにずらして重ね、中心に
だけ接着剤をつけて固定する。

4 パーツCの中心にワイヤーを通す。花弁の位
置が重ならないようにずらして重ね、中心に
だけ接着剤をつけて固定する。ワイヤーに接
着剤をつけ、糸を1㎝ほど巻きつける。同様
にして、残り6組も花を組み立てる。

5 糸の巻き終わりの位置を合わせ、7組の花を
組み合わせる。ドーム状になるように形を整
える。ワイヤーに接着剤をつけ、糸を3㎝ほ
ど巻きつける。

6 茎を黄緑とオリーブグリーンで染めて乾かし、
硬化液スプレーをかける。花の中心に接着剤
をつけ、ブリオンをつける。

7 糸の巻き終わりに接着剤を薄く塗る。乾いた
ら形を整え、硬化液スプレーをかけて乾かす。
ワイヤーと糸を斜めに切り落とし、切り口に
接着剤をつけて乾かす。

編み図

パーツA

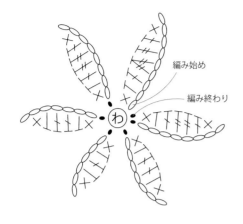

編み始め

編み終わり

わ

パーツB

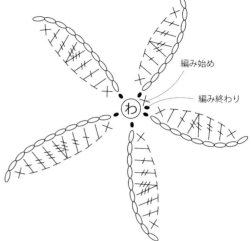

編み始め

編み終わり

わ

パーツC

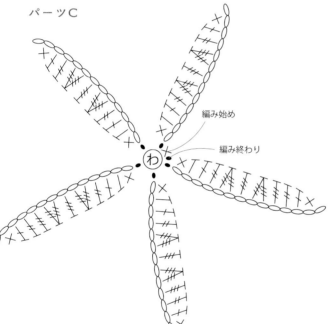

編み始め

編み終わり

わ

ポイント 1

パーツはそれぞれ縁を白く残し、
花弁の左側と右側を染め分ける。
1色ずつ塗るとよい。

胡蝶蘭

蝶が舞うような美しい花の様子から名づけられました。
日本では白やピンクのものをよく見ますが、
この本ではベージュと桃でやわらかな色合いに。
上から垂れ下がるような茎の形を意識して組み立てます。
花が正面を向くようにして配置しましょう。

口絵 ———————	P.9
完成サイズ ———	4.6cm
花の直径 ———	1.6cm
葉の長さ ———	2.3cm
着色 ———	花は桃、橙、ベージュ、黄色で薄めに染める。 葉と茎は黄緑と緑を重ねて染める

 材料

DMC コルドネスペシャル（BLANC＃80）
地巻きワイヤー（白＃35）

作り方

1　花を編む。編み図にしたがってパーツAを6枚編む。1段目はp23を参照して輪の作り目をし、細編み4目を少しゆるめに編んで輪を引き締める。編み終わりの糸を20cmほど残して切り、縫い針に糸を通して裏側に糸を出し、編み地に糸を通してほつれないようにしてから根元で切る。編み始めの糸を根元で切る。

2　編み図にしたがってパーツBを6枚編む。1段目は、p23を参照して輪の作り目をし、細編み4目を少しゆるめに編んで輪を引き締める。2枚の花弁は、手前側半目に針を入れて編む。編み終わりの糸はパーツAと同様に処理する。

3　編み図にしたがってパーツCを6枚編む。1段目は、p23を参照して輪の作り目をし、細編み6目を少しゆるめに編んで輪を引き締める。編み終わりの糸を30cmほど残して切って中心から裏側に出し、編み始めの糸は根元で切る。

4　花を染める。p76ポイント**1**を参照して、パーツをそれぞれ染め、乾いたら硬化液スプレーをかける。

5　ワイヤーを20cmに切り、p35手順**27**〜**32**を参照し、編み図にしたがって葉を3枚編む。黄緑と緑で染め、硬化液スプレーをかける。ワイヤーに接着剤をつけ、糸を2〜3mm巻きつける。

6　組み立てる。p76ポイント**2**〜**3**を参照し、パーツAにワイヤーを通し、パーツB、Cの順に重ね、パーツの間の中心に接着剤をつけて固定する。花の根元のワイヤーに接着剤をつけ、糸を1cmほど巻きつける。同様にして6つの花を作る。

7　p76ポイント**4**〜**6**を参照し、糸の巻き終わりの位置を合わせて、花を組み合わせる。ワイヤーに接着剤をつけて糸を巻きながら、6つの花を組み合わせる。

8　花を組み合わせたら、ワイヤーに接着剤をつけながら、糸を4cmほど巻く。ピンセットで花の形を整える（p76ポイント**5**、**6**参照）。

9　糸の巻き終わりの位置を合わせて3枚の葉を組み合わせる。ワイヤーを3枚の葉で囲むようにして配置する。ワイヤーに接着剤をつけ、糸を1cmほど巻く。

10　茎を染める。プロテアのp45手順**68**、**69**を参照し、茎を処理して完成。

パーツA

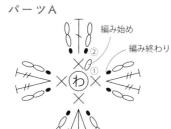

編み始め
②
①
編み終わり
わ

パーツB

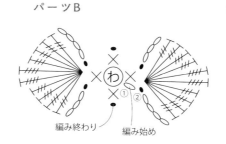

編み終わり
編み始め
①
②
わ

葉

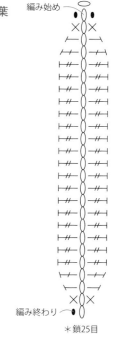

編み始め

編み終わり

＊鎖25目

パーツC

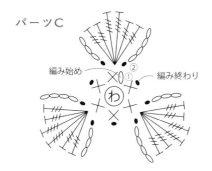

編み始め
①
②
編み終わり
わ

ポイント 1	ポイント 2	ポイント 3

パーツAは全体を桃で薄く染め、中心を黄色で染める。パーツBは全体をベージュで薄く染める。パーツCは全体を桃と橙を薄く重ねて染める。

ワイヤーを20cmに切り、パーツAの中心とその上の花弁の間にワイヤーを2カ所通す。ワイヤーをしっかり押さえる。

花弁の位置が写真の配置になるようにして、パーツA、B、Cの順に重ねる。重ねる際は、AのワイヤーをBの中心に通し、Bの中心に接着剤をつけて固定する。Cも同様にしてつける。

ポイント 4	ポイント 5	ポイント 6

糸の巻き終わりの位置を合わせて花2つを組み合わせる。ワイヤーの根元に接着剤をつけ、糸を5mmほど巻く。同じ向きになるように、次の花を組み合わせていく。

花を全て組み合わせたら、ピンセットで花のワイヤーの根元をつまんで立ち上げるようにする。

花の正面が前を向くようにして整える。

Lesson 12

プスキニア

かわいらしい小花を早春に咲かせるプスキニア。
球根植物のひとつで、様々な種類があります。
白い花弁に淡い青の筋が入ります。
6つの花をまとめて組み立て、
ワイヤーに糸を巻きつけて球根部分も作ります。

口絵	——	P.6
完成サイズ	——	6.5cm
花の直径	——	1.3cm
花芯の直径	——	0.3cm
葉の長さ	——	大2.3cm、小1.8cm
着色	——	花は花弁の中心を青で染め、葉と茎は黄緑と緑を重ねて染める。 球根の一部を茶で染める

材料

DMC コルドネスペシャル（BLANC＃80）

地巻きワイヤー（白＃35）

刺しゅう糸　DMC25（白）

ガラスブリオン　適量

作り方

1　編み図にしたがって花を6枚編む。編み終わりの糸を20cmほど残して切り、縫い針に糸を通して裏側に糸を出し、編み地に糸を通してほつれないようにしてから根元で切る。編み始めの糸を根元で切る。

2　花は水通しをして形を整え、乾いたら硬化液スプレーをかけて染める（p78ポイント1参照）。

3　編み図にしたがって花芯を6枚編む。

4　ワイヤーを20cmに切り、p35手順27〜32を参照し、編み図に従って葉（大）2枚、葉（小）1枚を編む。黄緑と緑で染めて乾かし、硬化液スプレーをかける。ワイヤーに接着剤をつけ、糸を2〜3mm巻きつける。

5　ワイヤーを12cmに切り、先端を丸める（p78ポイント2参照）。

6　組み立てる。p78ポイント3を参照し、手順5のワイヤーを花芯、花の順に通して重ね、接着剤をつけて固定する。ワイヤーに接着剤をつけ、糸を1cmほど巻く。同様にして6つの花を作る。

7　p78ポイント4を参照し、糸の巻き終わりの位置を合わせて、花を組み合わせていく。

8　糸の巻き終わりの位置を合わせて、葉（大）を組み合わせる。ワイヤーに接着剤をつけながら、糸を2mmほど巻く。残りの葉も同じようにして組み合わせ、3枚の葉でワイヤーを囲むようにして配置する。ワイヤーに接着剤をつけながら、糸を1cmほど巻く。

9　p78ポイント5を参照し、2本取りした刺しゅう糸で球根を作る。

10　丸く形ができたら、糸を残してワイヤーを全て切る（p78ポイント6）。

11　茎を染め、球根の一部を茶で染めて乾かす。乾いたら形を整え、硬化液スプレーをかけて乾かす。球根の下の糸を巻くようにして形を整える。

12　花の中心に接着剤をつけ、ブリオンをつける。

編み図

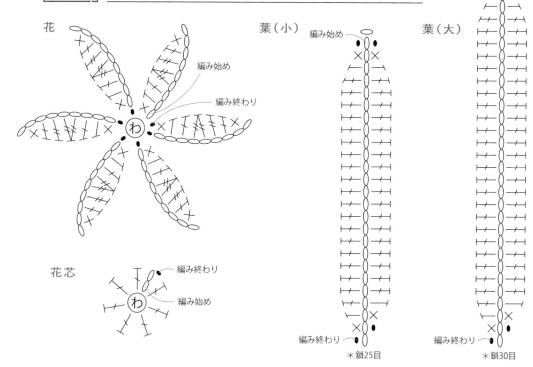

花

葉（小）
編み始め

葉（大）
編み始め

編み始め
編み終わり

花芯
編み終わり
編み始め

編み終わり
＊鎖25目

編み終わり
＊鎖30目

ポイント 1

花は水通しをして形を整え、乾いたら硬化液スプレーをかける。完全に乾いたら、青でラインを描くようにして染める。スプレーの後に染めることで、にじみにくくなる。

ポイント 2

ワイヤーを12cmに切り、p34手順14〜17を参照してワイヤーを丸める。

ポイント 3

手順5のワイヤーを花芯の中心に通し、花芯に接着剤をつけて固定する。花の中心にワイヤーを通し、接着剤をつけて固定する。

ポイント 4

まず花を2つ組み合わせる。ワイヤーに接着剤をつけて5mmほど糸を巻き、残りの花も同様にして組み合わせる。ワイヤーに接着剤をつけ、糸を5mmほど巻く。

ポイント 5

糸を巻いたところ1cmほどの部分に接着剤をつけ、刺しゅう糸の糸端をワイヤーと一緒に持ち、巻きつけて球根を作る。糸が足りなくなったら、同様に糸端を合わせて巻き込みながら、新しい糸をつけて巻く。

ポイント 6

球根の形が丸くできたら、編み糸と刺しゅう糸を残してワイヤーを全て切る。

Lesson 13

アイリス

さまざまな種類があるアイリス。
花のパーツをひとつずつ編んで、
組み合わせて花姿を作りました。
大きい葉はワイヤーに糸を巻きつけて形作ります。
この本では青と黄で着色していますが、
好みの色で着色して楽しんでください。

口絵 ———	P.6
完成サイズ ———	6cm
花の直径 ———	2.3cm
葉の長さ ———	大2cm、中1.1cm、小0.8cm
着色 ———	花は青と群青、黄で染め、葉と茎は黄緑と緑で染める。球根を茶で染める

材料

DMC コルドネスペシャル（BLANC♯80）
地巻きワイヤー（白♯35）
刺しゅう糸　DMC25（白）

作り方

1 ワイヤーを12cmに切り、p35手順**27～32**を参照し、編み図にしたがって花弁A、B、Cをそれぞれ3枚ずつ編む（p80ポイント**1**参照）。ワイヤーを二つ折りにする際は、真ん中ではなく、折り返す側が短くなるように折る。編み始めの糸は根元で切る。編み終わりの糸は20cmほど残して切り、短いほうのワイヤーは根元で切る。

2 編み図にしたがって葉(小)、葉(中)を1枚ずつ編む。黄緑と緑で染め、硬化液スプレーをかける。

3 ワイヤーに糸を巻いて葉(大)を作る（p80ポイント**2**参照）。黄緑と緑で染め、硬化液スプレーをかける。

4 水通しをして花弁A、B、Cをそれぞれ染める（p80ポイント**3**参照）。乾いたら硬化液スプレーをかける。

5 p80ポイント**4～5**を参照して、花を組み立てる。ワイヤーに接着剤をつけて糸を1cm巻く。短い糸は切る。

6 葉(小)、(中)、(大)は、バランスを見ながら組み合わせ、ワイヤーに接着剤をつけて糸を1cm巻く（p80ポイント**6**参照）。

7 プスキニア（p78ポイント**5～6**）を参照し、2本取りした刺しゅう糸で球根を作る。丸く形ができたら、糸を残してワイヤーを全て切る（p78ポイント**6**参照）。

8 茎を黄緑と緑で染め、球根を茶で染めて乾かす。乾いたら形を整え、硬化液スプレーをかけて乾かす。球根の下の糸を巻くようにして形を整える。

編み図

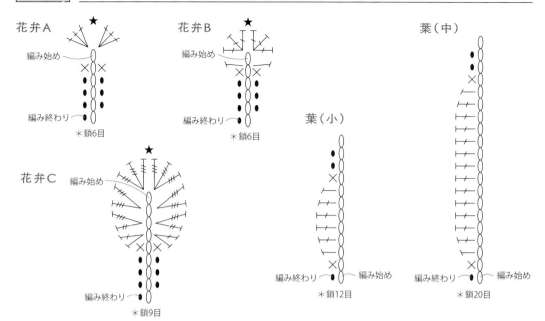

花弁A　★
編み始め
編み終わり
＊鎖6目

花弁B　★
編み始め
編み終わり
＊鎖6目

花弁C
編み始め
★
編み終わり
＊鎖9目

葉（中）
＊鎖20目
編み終わり　編み始め

葉（小）
編み終わり　編み始め
＊鎖12目

ポイント 1

編み図の上側の丸い部分を編み終わり、細編み1目まで編む。糸をワイヤーに一度巻き、残した半目とワイヤーの下から針を入れて引き抜き編みをする。次の3目も同様に編む。こうすると折り返したワイヤーを隠すことができる。

ポイント 2

ワイヤーを20cmに切り、中心に接着剤をつけて糸を1cmほど巻きつける。糸を巻いた部分を真ん中にして二つ折りにし、接着剤をつけて糸を2cmほど巻いて葉を作る。

ポイント 3

花弁はそれぞれ水通しをし、花弁Aは青で薄く染める。花弁Bは青と群青を重ねる。花弁Cは緑を群青で染め、中心を黄で染める。

ポイント 4

花弁Bを3枚組み合わせ、ワイヤーに接着剤をつけて糸を2回巻く。花弁Bの間に花弁Aがくるように3枚配置し、ワイヤーに接着剤をつけて糸を2回巻く。

ポイント 5

写真のように花弁Cを3枚配置する。

ポイント 6

葉は小、中、大の順に組み合わせる。糸の巻き終わりの位置を合わせて組み合わせる。ワイヤーに接着剤をつけ、糸を1cmほど巻きつける。残りの葉も同じようにして、バランスを見ながら組み合わせる。

Lesson 14

ビカクシダ

ビカクシダは熱帯原産の着生シダ植物で、
コウモリランとも呼ばれています。
自然の状態では木に根を張って育つため、
板やコルクなどの着生材を使って栽培します。
レース編みで作る場合も、フレーム飾りにぴったり。

口絵	————— P.8
完成サイズ	————— 3cm
胞子葉の横の長さ	— 3cm
貯水葉の直径	————— 1.5cm
着色	————— 黄緑と緑で染める

材料

DMC コルドネスペシャル（BLANC＃80）
地巻きワイヤー（白＃35）
フレーム、芯地、布

作り方

1 ワイヤーを12cmに切り、p35手順 **27～32** を参照し、編み図にしたがって胞子葉を2枚編む。編み図右側の1つ目のヒダを編んで引き抜くところは、p82ポイント **1～4** を参照。編み始めの糸は根元で切る。編み終わりの糸を20cmほど残して切り、縫い針に糸を通し、編み地に糸を通してほつれないようにしてから根元で切る。

2 水通しをして胞子葉全体を黄緑で染める。根元に近い部分は緑で染める。形を整えて（p82ポイント **5** 参照）、硬化液スプレーをかける。

3 編み図にしたがって貯水葉（小）1枚、（大）2枚を編む。中心に目打ちを入れて穴を広げ、編み始めの糸は胞子葉と同様に処理して切る。

4 貯水葉は水通しをして全体を黄緑で染める。根元に近い部分は緑で染める。コテ台にペーパータオルを敷き、裏側を上にしてのせ、スズランコテ（大）で丸みをつける。硬化液スプレーをかける。

5 組み立てる。胞子葉は2枚を合わせ、ワイヤーを貯水葉（小）の中心に通し、貯水葉（大）1枚の中心に通す。貯水葉（大）の表側の中心に接着剤をつけ、固定する。残りの貯水葉（大）も同様にして固定し、形を整える（p82ポイント **6** 参照）。

6 p58、60を参照して、芯地に布を張り、土台を作る。下記を参照して土台に固定する。

フレーム飾りの仕立て方

布を貼った芯地を土台にし、ビカクシダをつける位置を決めたら、目打ちで2カ所穴を開ける。

ワイヤーを2本ずつに分け、開けた穴2カ所にそれぞれ通し、根元まで差し込む。

芯地の裏側でワイヤーをねじって固定し、余分なワイヤーを切る。

編み図

胞子葉

先端の細編み1目はワイヤーに入れる

編み始め

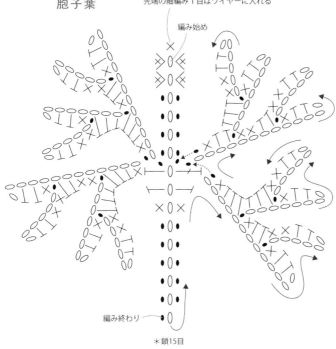

編み終わり

＊鎖15目

貯水葉（小）

編み終わり

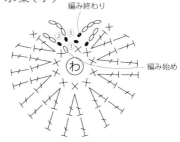

編み始め

貯水葉（大）

編み終わり

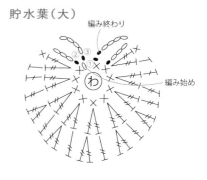

編み始め

ポイント **1**

編み図右側の1つ目のヒダを最後の細編みまで編んだら、鎖の頭の糸1本に針を入れ、針に糸をかけて引き抜く。

ポイント **2**

次は長編みの段の糸1本に針を入れ、針に糸をかけて引き抜く。

ポイント **3**

編み図右側の2つ目のヒダ最後の細編みまで編んだら、ポイント1と同じように鎖の頭の糸1本に針を入れて引き抜き、次は長編みを編み込んだ目に針を入れ、針に糸をかけて引き抜く。

ポイント **4**

編み図の上側、先端部分は、編み込んだワイヤーを少し引き出し、輪の部分が出るようにする。輪に針を入れ、針に糸をかけて輪の間から糸を引き出して細編み1目編む。

ポイント **5**

胞子葉はそれぞれ後ろ側にワイヤーを倒し、カーブをつけるようにして形を整える。葉のヒダもピンセットで形を整える。

ポイント **6**

貯水葉を重ねたら、それぞれが少しずれるようにして形を整える。

ねむの木

鮮やかな紅色の刷毛（はけ）のような花を
夏の夕方に咲かせます。
夜になると葉がゆっくりと、
まるで眠るように閉じていくことから
名前がつけられたとか。
糸を巻いて房にして花を作ります。

口絵 ———————	P.10
完成サイズ ———————	9cm
花の長さ ———————	2cm
葉の長さ ———————	2.5cm
着色 ———————	花は紅で染め、葉とガク、茎は黄緑と緑で染める

材料

DMC コルドネスペシャル（BLANC♯80）
地巻きワイヤー（白♯35）

作り方

1 プロテアのp43手順**42**〜p44手順**49**を参照して、糸を指先に30回ほど巻きつけて、花を作る。房の根元に巻いた糸は、接着剤が乾いたら外す。房が割れないよう、房の内側にも接着剤をつけておく。糸の輪をハサミで切り、2〜2.5cm長さになるよう切りそろえる。

2 硬化液スプレーをかけ、軽くペーパータオルで拭く。ワイヤー部分を持って下向きにし、くるくる回す。こうすることで少し開いた形になる。先端を紅で染める（p84ポイント**1**参照）。同様にして合計8束作る。

3 編み図にしたがってガクを2枚編む。編み始めの糸は根元で切る。編み終わりの糸は20cmほど残して切り、中心から裏側に出す。黄緑と緑で染め、乾いたら硬化液スプレーをかける。

4 ワイヤーを20cmに切り、p35手順**27**〜**32**を参照し、編み図にしたがって葉を6枚編む。編み図の上側、先端部分のワイヤーに引き抜くところは、ビカクシダのp82ポイント**4**を参

照する。編み始めの糸は根元で切る。黄緑と緑で染め、硬化液スプレーをかける。ワイヤーに接着剤をつけ、根元に糸を2〜3mm巻く。

5 p84ポイント**2**〜**3**を参照して、花とガクを組み立て、2組作る。糸の巻き終わりの位置で合わせて組み合わせ、5mmほど糸を巻く。

6 糸の巻き終わりの位置を合わせて葉2枚を組み合わせる。ワイヤーに接着剤をつけ、糸を1.5cmほど巻く。残りの葉も同じようにして、バランスを見ながら組み立てる。

7 葉6枚を組み立てたら、ガクと組み合わせた花と糸の巻き終わりの位置を合わせる。ワイヤーに接着剤をつけ、糸を2cmほど巻く。

8 茎を黄緑と緑で染めて乾かし、硬化液スプレーをかける。糸の巻き終わりに接着剤を薄く塗る。乾いたら形を整え、硬化液スプレーをかけて乾かす。ワイヤーと糸を斜めに切り落とし、切り口に接着剤をつけて乾かす。

葉

ワイヤーに引き抜き

編み始め

ガク

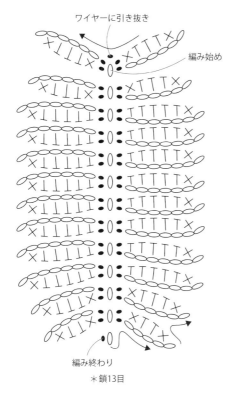

＊鎖13目

編み終わり

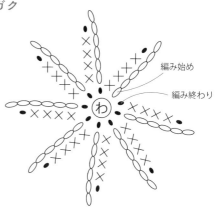

編み始め

編み終わり

わ

ポイント 1

花の糸束は硬化液スプレーをかけた後に、紅で染める。根元部分は染めずに白く残しておく。

ポイント 2

ガクの中心に目打ちを入れ、穴を広げる。花の糸束4本をまとめ、ガクの中心にワイヤーを通す。

ポイント 3

ガクの先端にそれぞれ接着剤をつけて、固定する。ガクの根元のワイヤーに接着剤をつけ、ガクの糸で1〜1.5cmほど巻く。

コットンフラワー

コットンフラワーと呼ばれますが、
じつは熟した果実がはじけたもの。
ふわふわのワタ部分を
羊毛フェルトで表現しました。
シンプルですが、存在感あるモチーフです。
この作品だけ、
フェルティング用ニードルを使用します。

口絵 ———————————	P.11
完成サイズ ————————	10cm
ワタ、ワタガラの直径 ——	1〜1.3cm
着色 ———————————	ワタガラと枝は茶で染める

材料

DMC コルドネスペシャル(BLANC、ECRU♯80)
地巻きワイヤー(白♯35)
羊毛フェルト

作り方

1 p86ポイント 1〜4 を参照し、羊毛フェルト
　でワタ部分を5個作る。

2 ECRUの糸を使い、編み図にしたがって、ワ
　タガラA1枚、B2枚、C2枚編む。編み始めの
　糸は根元で切り、編み終わりの糸は30cmほど
　残して切り、表側に出しておく。

3 ワタガラを茶で染める。ワタを包むような形
　に整え、硬化液スプレーをかけて乾かす。

4 ワイヤーを20cmに切り、ワタの中心部分2カ
　所に通す(p86ポイント 5〜6 参照)。残り4
　個も同様にする。

5 p86ポイント 7 を参照し、ワタとワタガラを
　組み立てる。残り4組も同様にする。

6 p86ポイント 8 を参照してフシを作る。同様
　にして、もう6個作る。

7 p86ポイント 9 を参照して、手順5で組み合
　わせたワタガラとフシを組み立てる。残りも
　同様にし、バランスを見ながら組み立てる。

8 枝をブラウンで染めて乾かし、硬化液スプレ
　ーをかける。糸の巻き終わりに接着剤を薄く
　塗る。乾いたら形を整え、硬化液スプレーを
　かけて乾かす。ワイヤーと糸を斜めに切り落
　とし、切り口に接着剤をつけて乾かす。

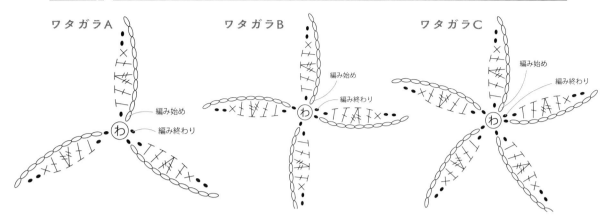

ワタガラA　　　　　　　　ワタガラB　　　　　　　　ワタガラC

編み始め
編み終わり

ポイント 1

羊毛フェルトを少量取る(写真を参照)。

ポイント 2

フェルティング用マットの上に羊毛をのせ、指で丸くまとめる。

ポイント 3

ある程度丸くなったら、フェルティング用ニードルで毛を中心に寄せるように刺す。中央を刺してくぼませるようにし、1〜1.3cmほどの大きさにする。

ポイント 4

裏側にはみ出した毛をハサミで切って形を整える。

ポイント 5

中心に目打ちを入れ、2カ所穴を開ける。

ポイント 6

20cmに切ったワイヤーを2カ所に通し、ワイヤーの中心で二つ折りにする。

ポイント 7

ワタにつけたワイヤーをワタガラの中心に通し、ワタガラの表の先端に接着剤をつけて固定する。根元のワイヤーに接着剤をつけ、糸を1cmほど巻く。

ポイント 8

ワイヤーを12cmに切り、端から5mmほどのところに接着剤をつけ、糸を1cm巻く。糸を巻いた部分を中心にして二つ折りにする。

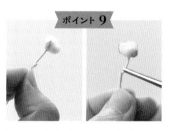

ポイント 9

手順4でまとめたワタの糸の巻き終わりの位置から1mmほどフシの先端が出るように合わせ、ワイヤーに接着剤をつけてワタの糸で巻く。

時計草

ユニークな姿の植物の時計草は
大きなめしべが時計の針に
見えることから名づけられたそうです。
葉や花は編んで、花の一部は糸を房にして、
おしべとめしべはワイヤーと糸で作ります。

口絵	P.12
完成サイズ	7cm
花の直径	2.5cm
葉の直径	2cm
着色	花は黄緑で染め、花（上）は黄緑と紫で染める。 副花冠は油性マーカーの青と紫で染め、 葉と茎は黄緑と緑で染める

材料

DMC コルドネスペシャル（BLANC♯80）

地巻きワイヤー（白♯35）

刺しゅう糸　DMC470（黄緑）、DMC209（紫）

作り方

1　編み図にしたがって花を2枚編む。それぞれ編み始めの糸は根元で切り、編み終わりの糸は20cmほど残して切る。1枚だけ、縫い針に編み終わりの糸を通して裏側に糸を出し、編み地に糸を通してほつれないようにしてから根元で切る。水通しをして、黄緑でごく薄く染める。乾いたら硬化液スプレーをかける。

2　編み図にしたがって花（上）を編む。編み始めの糸は根元で切り、編み終わりの糸は20cmほど残して切る。縫い針に編み終わりの糸を通して裏側に糸を出し、編み地に糸を通してほつれないようにしてから根元で切る。水通しをして、黄緑で外側を染め、中心の部分を紫で染める。乾いたら硬化液スプレーをかける。

3　編み図にしたがって葉を2枚編む。水通しをして、黄緑で染める。乾いたら硬化液スプレーをかける。ワイヤーを20cmに切り、葉の中心に通して二つ折りにする。ワイヤーに接着剤をつけ、糸を1cmほど巻く。

4　副花冠を作る。プロテアのp43手順**42〜45**を参照して、糸を指先に90回ほど巻きつける。

糸の輪をハサミで切って、丸い形になるように開く（p88ポイント**8**参照）。p88ポイント**9〜10**を参照して形を整える。

5　p88ポイント**11〜12**を参照して油性マーカーで染め、裏側の中心に接着剤をつけて固定して穴を開ける。

6　p88ポイント**1〜2**を参照し、めしべを3本作る。

7　p88ポイント**3〜5**を参照し、おしべを5本作る。

8　p88ポイント**6〜7**参照し、めしべとおしべを組み合わせ、花（上）のパーツを組み合わせていく。

9　p89ポイント**13〜16**を参照して、副花冠、花を組み合わせる。

10　p89ポイント**17〜18**を参照して、つるを作る。

11　組み立てた花とつる、葉1枚は糸の巻き終わりの位置を合わせてまとめる。根元のワイヤーに接着剤をつけて糸を1.5cmほど巻き、残りの葉も同様にして組み立てる。

12　茎を着色し、形を整えて硬化液スプレーをかける。糸の巻き終わりに接着剤を薄く塗る。乾いたら硬化液スプレーをかけて乾かす。ワイヤーと糸を斜めに切り落とし、切り口に接着剤をつけて乾かす。

めしべを作る。刺しゅう糸（紫）を1本抜き出しておく。ワイヤーを12cmに切り、端から5mmのところに接着剤をつけ、糸を5mm巻く。先端にふくらみをつけるように、複数回糸を巻く。

糸を巻いていない端のワイヤーを切り、刺しゅう糸を切る。

おしべを作る。刺しゅう糸（黄緑）を1本抜き出しておく。ワイヤーを12cmに切り、接着剤をつけて糸を12mm巻く。糸を巻いていない端のワイヤーを切り、ピンセットではさんで折り曲げる。

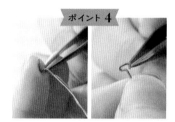

写真のようにピンセットを持ち替え、ワイヤーを折り曲げて輪にする。輪の部分を根元で曲げる。

おしべが完成したところ。

めしべ3本をまとめて持ち、根元の部分に接着剤をつけて1本抜き出した刺しゅう糸（黄緑）を3mmほど巻いてふくらみを作る。めしべの周りにおしべ5本を配置し、ワイヤーに接着剤をつけて刺しゅう糸（黄緑）で巻く。

刺しゅう糸は巻き終わりで切る。花（上）の中心にワイヤーを通し、ワイヤーは長いもの4本を残して切る。

副花冠は糸房を開いて、丸い形になるよう平らに広げる。

副花冠の裏側のワイヤーの根元にパンチ穴補強用のシールを貼り、硬化液スプレーをかける。

乾いたら、シールの縁より少し大きいくらいに糸を切りそろえる。

副花冠の中心を紫（コピックV09）に染め、縁を青（コピックB39）で染める。

中心のワイヤーをまたぐように、副花冠の中心2カ所に目打ちで穴を開ける。

ポイント 13

ポイント**12**で開けた穴2カ所に、ワイヤーを2本ずつに分けて通す。

ポイント 14

ピンセットでめしべとおしべを開くようにして形を整える。

ポイント 15

糸を全て切ったほうの花の中心にワイヤーを通し、花の中心に接着剤をつけて固定する。

ポイント 16

糸を残したほうの花の中心にワイヤーを通し、花弁が重ならないように少しずらして重ねる。花の中心に接着剤をつけて固定する。根元のワイヤーに接着剤をつけ、1.5cmほど糸を巻く。

ポイント 17

つるを作る。刺しゅう糸(黄緑)を1本抜き出しておく。ワイヤーを12cmに切り、端から2cmほどのところに接着剤をつけ、糸を4cm巻く。糸を巻いていない端のワイヤーを切り、糸を巻いた部分を目打ちに巻きつける。

ポイント 18

目打ちから外して、形を整える。根元のワイヤーに接着剤をつけ、1.5cmほど糸を巻く。

| 編み図 |

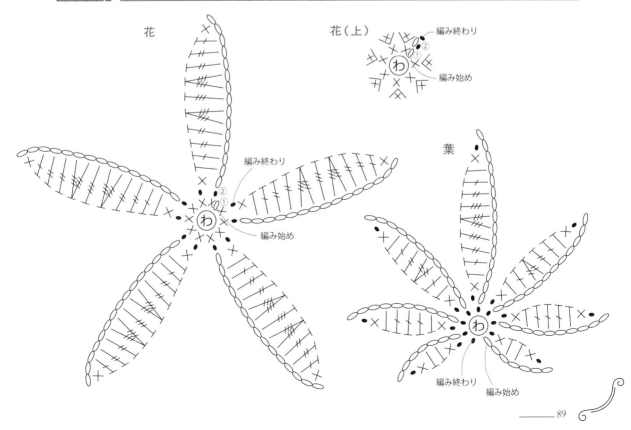

Lesson 18

イチイ

常緑樹の一種であるイチイは、
秋になると実が赤く熟し、濃い緑の葉に映えます。
かわいらしい姿ですが、種には毒があります。
葉はギザギザした質感を表現。
実は、種も編んで中に入れ込んでいます。

口絵 ———— P.9
完成サイズ —— 6.5㎝
実の直径 —— 0.7㎝
葉の長さ —— 2.8㎝
着色 ———— 実は赤で染め、種は茶で染める。
　　　　　　葉と茎は黄緑と緑、オリーブグリーンで染める

材料

DMC コルドネスペシャル（BLANC♯80）
地巻きワイヤー（白♯35）
アーティスティックワイヤー

編み図

実

編み始め

編み終わり
⑧
⑦
⑥
⑤
④
③
②
①
わ

種

編み始め
④
③
②
①
わ
編み終わり

葉

ワイヤーに引き抜き

編み始め

編み終わり

＊鎖25目

作り方

1 編み図にしたがって実を2つ編む。編み始めの糸は根元で切る。編み終わりの糸は20cmほど残して切り、縫い針に通す。1目ずつ編み目にくぐらせ、目立たないように中心から外側に出す。

2 編んだ実は水通しをして、コテ台にペーパタオルを敷いてのせる。スズランコテ（極小）のコテ先を入れ、クルクルと動かして丸く形を整える。赤で染め、乾いたら硬化液スプレーをかける。

3 編み図にしたがって種を2つ編む。編み始めの糸は根元で切る。編み終わりの糸を20cmほど残して切って縫い針に通し、編み地に糸を通してほつれないようにしてから根元で切る。

4 種は水通しをして、茶で染め、乾いたら硬化液スプレーをかける。ポイント**1～3**を参照して、アーティスティックワイヤーを通す。

5 ワイヤーを20cmに切り、p35手順**27～32**を参照し、編み図に従って葉を3枚編む。編み始めの糸は根元で切る。黄緑と緑で染め、硬化液スプレーをかける。ピンセットで葉の先端を整える（ポイント**6**参照）。根元のワイヤーに接着剤をつけ、糸を2～3mm巻きつける。

6 ポイント**4～5**を参照し、実の中に種を入れる。

7 実の根元のワイヤーに接着剤をつけ、実の糸を2mmほど巻く。もう1つも同様にする。

8 手順**7**で糸を巻いた実と葉1枚は、糸の巻き終わりの位置を合わせてまとめる。根元のワイヤーに接着剤をつけて糸を1cmほど巻く。残りの実と葉1枚も同様にして組み立てる。

9 手順**8**で組み立てた実と葉を、糸の巻き終わりの位置を合わせてまとめる。根元のワイヤーに接着剤をつけて糸を1cmほど巻く。残りの葉を糸の巻き終わりの位置を合わせてまとめる。根元のワイヤーに接着剤をつけて糸を1cmほど巻く。

10 糸の巻き終わりに接着剤を薄く塗る。乾いたら形を整え、黄緑とオリーブグリーンで染める。硬化液スプレーをかけて乾かす。ワイヤーと糸を斜めに切り落とし、切り口に接着剤をつけて乾かす。

ポイント1

種の最後の段2カ所に目打ちを入れ、編み目を広げる。

ポイント2

ポイント**1**で広げた編み目にアーティスティックワイヤーを通す。

ポイント3

アーティスティックワイヤーを中心で二つ折りにする。

ポイント4

種につけたアーティスティックワイヤーを実の中心に通して入れ、実の内側に接着剤をつける。

ポイント5

アーティスティックワイヤーを引き、種を実の中に入れる。

ポイント6

葉の先端がバラバラになるように、ピンセットで形を整える。

イングリッシュ・
ブルーベル

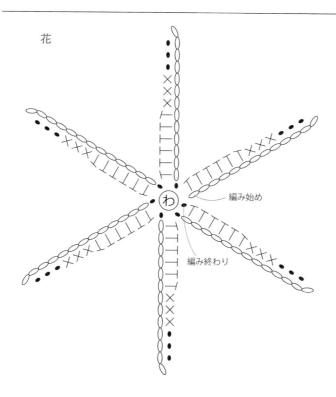

スズランと少し似た、
釣り鐘形をした青い小花がかわいらしい花です。
イギリスでは春を告げる花として
親しまれてきたそう。
可憐な姿の花は、袋状に編むのではなく
平らに編んだ花を形作っていきます。

口絵 ——————— P.7
完成サイズ ——— 6.5cm
花の直径 ——— 0.7cm
葉の長さ ——— 2.8cm
着色 ——————— 花は青と群青で染め、
　　　　　　　　　葉と茎は緑と深緑で染める

材料

DMC コルドネスペシャル（BLANC＃80）
地巻きワイヤー（白＃35）

編み図

花

編み始め

編み終わり

わ

作り方

1 編み図にしたがって花を5枚編む。編み始めの糸は根元で切る。編み終わりの糸は20cmほど残して切り、表側に出す。

2 葉を作る。アイリスのp80ポイント**2**を参照して、葉を3本作る。水通しをして染め、乾いたら硬化液スプレーをかける。

3 ポイント**1**～**6**を参照し、花にワイヤーを通して形を整える。

4 花の根元のワイヤーに接着剤をつけ、8mmほど糸を巻く。残りの花も同様にして糸を巻く。

5 糸の巻き終わりの位置を合わせ、花2つをまとめる。根元のワイヤーに接着剤をつけて糸を5mmほど巻く。残りの花も同様にして組み立てる。

6 5個目の花を組み合わせたら、同様にして糸を3cmほど巻き、花のワイヤーを囲むようにして葉3枚を組み合わせる。根元のワイヤーに接着剤をつけて糸を3cmほど巻く。

7 糸の巻き終わりに接着剤を薄く塗る。乾いたら形を整え、オリーブグリーンと深緑で染める。硬化液スプレーをかけて乾かす。ワイヤーと糸を斜めに切り落とし、切り口に接着剤をつけて乾かす。

ストローを3cm長さに切り、側面を切る。

p34手順**14**～**17**を参照して、ワイヤーを曲げる。花の中心にワイヤーを通す。

花の内側にそれぞれ接着剤をつける。

指ですぼめるようにして、花を軽くまとめる。

ポイント**1**で切ったストローに花のワイヤーを通し、先端だけ出るように入れる。花の先端をピンセットで外側に広げる。

接着剤が乾いたらストローを外す。

Lesson 20

野ブドウ

野ブドウという名前なのに
果実は食用できませんが、
紫がかった実の色が
秋らしい風情の植物です。
実はウッドビーズに刺しゅう糸を巻いて、
色とりどりに作るとかわいいです。
つるを巻いて、風情を出してみました。

口絵 ———— P.13
完成サイズ —— 6cm
実の直径 —— 0.4cm
葉の長さ —— 大1.6cm、小1cm
着色 ———— 葉とつるは黄緑と深緑で染める

材料

DMC コルドネスペシャル（BLANC＃80）

地巻きワイヤー（白＃35）

ウッドビーズ（4mm）

刺しゅう糸　DMC333、522、550、718、797、798、964、3607、3839、3849

アーティスティックワイヤー

編み図

葉（大）

葉（小）

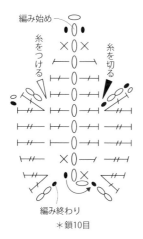

編み始め

糸をつける

糸を切る

編み終わり

＊鎖10目

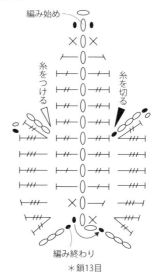

編み始め

糸をつける

糸を切る

編み終わり

＊鎖13目

作り方

1 葉を作る。ワイヤーを20cmに切り、p35手順 **27〜32**を参照し、編み図にしたがって葉（小）を7枚、葉（大）を6枚編む。糸を切る・糸を切る部分は、ムクゲのp66ポイント**7〜11**を参照する。編み始めの糸は根元で切る。黄緑と深緑で染め、硬化液スプレーをかける。ワイヤーに接着剤をつけ、糸を5〜6mm巻きつける。

2 ポイント**1〜6**を参照して、実を20個ほど作る。

3 実の根元のワイヤーに接着剤をつけ、5mmほど刺しゅう糸を巻く。残りの実も同様に糸を巻く。3個実をまとめて糸の巻き終わりの位置を合わせ、根元のワイヤーに接着剤をつけて糸を2mmほど巻く。残りの実も3〜5個ずつまとめて、束を作る。

4 葉と実の束は、バランスを見ながら糸の巻き終わりの位置で組み合わせ、ワイヤーに接着剤をつけながら糸を巻いていき、組み立てていく。

5 全ての葉と実を組み立てたら、残りのワイヤーに接着剤をつけて糸を巻いてつるを作る。糸の巻き終わりに接着剤を薄く塗る。乾いたら形を整え、黄緑と深緑で染める。硬化液スプレーをかけて乾かす。

6 ワイヤーと糸を斜めに切り落とし、切り口に接着剤をつけて乾かす。つるを丸めて形を整える。

ポイント 1

ウッドビーズの内側にピンセットの先端を入れて回し、内側の毛羽立ちを取る。

ポイント 2

刺しゅう糸を1本抜き出して細めの縫い針に通す。ウッドビーズの穴に針を入れて、刺しゅう糸をすき間のないように巻きつける。

ポイント 3

ウッドビーズ全体に刺しゅう糸を巻いたら、12cmに切ったアーティスティックワイヤーを二つ折りにして、ウッドビーズの穴に差し込む。

ポイント 4

二つ折りにしたワイヤーの輪を1〜2mm穴から出し、縫い針をその輪に通して、刺しゅう糸を5〜6回ワイヤーに巻きつける。

ポイント 5

縫い針を上から差し込み、下に刺しゅう糸を通す。

ポイント 6

刺しゅう糸を全て穴の中に通したら、ワイヤーを下に引っ張り、上に出ている部分を穴の中に入れる。引っ張り過ぎないように注意。

════
著者
Lunarheavenly　中里 華奈

レース編み作家。2009年にLunarheavenlyを立ち
上げ、個展を中心に活動。著書に『かぎ針で編む
ルナヘヴンリィの小さなお花のアクセサリー』
(河出書房新社)、『ルナヘヴンリィの大人のかぎ
針編みアクセサリー』(翔泳社)などがある。

════
装丁・本文デザイン・DTP　鈴木あづさ
　　　　　　　　　　　　(細山田デザイン事務所)
図版　　　　　　　　　AD・CHIAKI(坂川 由美香)
撮影　　　　　　　　　安井真喜子
編集　　　　　　　　　山田文恵

════
ルナヘヴンリィの
かぎ針編みで作る花のフレーム飾り
20の植物モチーフと
花1輪から作る小さな飾りもの

2023年7月24日　初版第1刷発行
2023年9月15日　初版第2刷発行

著者　　　Lunarheavenly 中里 華奈
　　　　　　　 ルナ ヘ ヴン リィ　なかざと　か な
発行人　　佐々木 幹夫
発行所　　株式会社 翔泳社
　　　　　(https://www.shoeisha.co.jp)
印刷・製本　株式会社 シナノ

©2023 Lunarheavenly Kana Nakazato

本書は著作権法上の保護を受けています。本書の一部または全部に
ついて(ソフトウェアおよびプログラムを含む)、株式会社 翔泳社
から文書による許諾を得ずに、いかなる方法においても無断で複写、
複製することは禁じられています。
本書に掲載されている作り方を元に制作した作品を店頭やネットショッ
プなどで無断で販売すること、作品写真や編み図をスキャンし、
デジタルデータ化することは、著作権法で禁じられています。
本書へのお問い合わせについては、本ページに記載の内容をお読み
ください。
造本には細心の注意を払っておりますが、万一、乱丁(ページの順
序違い)や落丁(ページ の抜け)がございましたら、お取り替えいた
します。03-5362-3705 までご連絡ください。

ISBN　　　978-4-7981-7540-9
Printed in Japan

════
本書内容に関する
お問い合わせについて

このたびは翔泳社の書籍をお買い上げいただき、誠
にありがとうございます。弊社では、読者の皆様か
らのお問い合わせに適切に対応させていただくため、
以下のガイドラインへのご協力をお願い致しており
ます。下記項目をお読みいただき、手順に従ってお
問い合わせください。

●ご質問される前に
弊社Webサイトの「正誤表」をご参照ください。こ
れまでに判明した正誤や追加情報を掲載しています。

正誤表
https://www.shoeisha.co.jp/book/errata/

●ご質問方法
弊社Webサイトの「刊行物Q&A」をご利用ください。

刊行物Q&A
https://www.shoeisha.co.jp/book/qa/

インターネットをご利用でない場合は、FAXまたは
郵便にて、下記"翔泳社 愛読者サービスセンター"
までお問い合わせください。
電話でのご質問は、お受けしておりません。

●回答について
回答は、ご質問いただいた手段によってご返事申し
上げます。ご質問の内容によっては、回答に数日な
いしはそれ以上の期間を要する場合があります。

●ご質問に際してのご注意
本書の対象を越えるもの、記述個所を特定されない
もの、また読者固有の環境に起因するご質問等には
お答えできませんので、予めご了承ください。

●郵便物送付先およびFAX番号
送付先住所〒160-0006　東京都新宿区舟町5
FAX番号　　03-5362-3818
宛先　　　　(株)翔泳社 愛読者サービスセンター

※本書に記載されたURL等は予告なく変更される
場合があります。
※本書の出版にあたっては正確な記述につとめまし
たが、著者や出版社などのいずれも、本書の内容に
対してなんらかの保証をするものではなく、内容や
サンプルに基づくいかなる運用結果に関してもいっ
さいの責任を負いません。
※本書に掲載されている写真は印刷物のため、実際
の作品の色とは違って見えることがあります。ご了
承ください。
※本書に記載されている会社名、製品名はそれぞれ
各社の商標および登録商標です。